和田秀樹×愛宕翔太

成長論

~いくつになっても人は変われる~

ブックマン社

ブックデザイン　秋吉あきら

プロローグ

和田秀樹氏の「最も理想的な読者」が現れる！

東京・神保町の片隅。旧い家具が並んだ出版社の応接室。柔らかく射し込む春の陽ざしが、革張りのソファへ浅く腰掛ける「愛宕青年」を照らした。青年は少しはにかんだような、しかし揺るぎのなさそうな自信のある目をきょろきょろさせながら、その旧い応接室を見回した。

おそらく彼が今まで見てきたであろう、今時のシンプルかつお洒落なデザインで彩られたオフィスとはあまりにもかけ離れている造りだったので、驚いたのに違いない。こんなにボロボロな出版社が今時あるのか、とでも言いたげな顔つきだった。しかも、飛ぶ鳥を落とす勢いでベストセラーを出し続けてきた和田秀樹氏による紹介で呼ばれてきたのだ。もっと立派なビルに案内されると思っていたはずだ。そしてこうも思っただろう。「やっぱり出版社なんて、もはやオワコンなんだろうなあ」と。

一方、その旧いビルの出版社にもう四半世紀近く細々と本を作ることだけを生業（なりわい）にしてきた編集者は、いささか肩透かしを食らったような心地で、その青年を眺めた。

長年にわたってお世話になっている大事な著者であり、今や、大手出版社の編集者たちが、文字通り門前列をなして原稿を欲しがる和田秀樹氏が、ある日突然メールを送ってきて、「僕の最も理想的な読者を見つけた。共著を出してみたいのだが……」と提案してきたのだから、断るわけもない。


一体どんなエグゼクティブが来るのだろう、きっとものすごい「成功者」に違いない。

一体どんな特技を持ち、どれほど稼いでいる人なのであろうか？　会社で会うよりも、ホテルのロビーなどを打ち合わせ場所に設定する必要はなかったのだろうか？　少し緊張しながら出迎えたその青年の姿は――編集者の予想を裏切った。


履き古して色褪せたジーンズに、ラフなロングTシャツ。機能も値段もシンプルそうなスニーカーとリュック、そしてユニクロのタグが見える薄手のダウンジャケット。

そうその姿は、和田氏のメールがきてから編集者が今日まで勝手にイメージしていたプライド高き「成功者」というよりも、「まだ、何者にもなっていない若者」の素朴な姿、であった。

青年より10分ほど遅れてスマホを片手に出版社に到着した和田氏は、ソファに座るなり、こう言った。

「今回僕はね、この愛宕氏と、成長論について語りたいのです」

「成長論、ですか？　成功論、ではなくて？」

「そう、成功論ではなくて成長論。それが今、この国に必要だと思うからです」

和田氏のこの言葉に、愛宕青年は、ゆっくりと頷き微笑んでいた。

目次

第三章　衰退していく国で個人が成長するには？

第四章　成功はゴールではなく道しるべにせよ！

まえがき

　最近でこそ、高齢者の生き方や健康、そして老化予防の本が売れて、高齢者の専門家のようになってしまいました。現実に、私の本業は長い間（そして今でも）、高齢者専門の精神科医なので、それはそれで嬉しいことなのですが、一方で私は長年にわたって、受験勉強、特に大学受験の勉強にかかわってきました。そして最近まで、受験技術研究家としてのほうが、名前が売れていました。実際、学生時代から家庭教師やその他の形で受験教育にかかわり、鉄緑会という東大受験に特化した塾を立ち上げた（共同経営で、のちに追い出されることになりますが）のは、大学6年生の時なので、老年精神医学の世界より長いことになりますし、今でも緑鐵受験指導ゼミナールという受験生向けに勉強法を教える通信教育を主宰し、毎年、無名校から東大や医学部への合格者も出し続けています。

　前置きが長くなってしまいましたが、受験勉強というのは結果がすべてだと私は今でも考えています。現時点で成績がよくない子供に、少しでもいいやり方を教え、やる気を出させ、少してもレベルの高い大学に合格させてあげるのが仕事だということになります。

しかしながら、長らく生きてきて（もうすぐ高齢者の仲間入りです）、そして長らく精神科の医者というものをやってきて、その「結果」というものが、単に受験勉強で得た学歴（正確には学校歴といいます。通常は学歴というのは、大学卒か大学院卒か博士というように最終的にどれだけの教育歴があるかを示すのが世界標準です）ではなく、その後の人生なのではないかと思うようになりました。

前述のように私が大学6年生の時に立ち上げた鉄緑会という塾があります。

開成や筑駒のような名門校の生徒を集める指定校制度であり、子供たちにものすごい量の宿題を出して勉強漬けにするメソッドで、500人以上を東大に合格させ、理科Ⅲ類の合格者の3分の1以上を占める名門塾です。

確かに上から与えられた課題を処理する能力はとても高く、大学に入ってからも優秀な子が多いようですが、例えば東大の理Ⅲに入っても、上の言いなりになっていれば画期的な研究もできず、医局の中で大名行列の金魚のフンのようになる可能性は小さくないようです。あるいは、東大に入って起業したという話もほとんど聞きません。

東大に合格した時点が人生の絶頂ということが十分あり得るのです。

もう一つは、教師や塾の言いなりになって、ド根性のようなもので勉強してきた人たちは、その後の人生で与えられた課題に対して、やはり努力と根性で乗り切ろうとしがちです。少しでも楽なやり方がないかという工夫をしないわけです。

ところが、そういう人たちが大人社会で、鬱病になりやすいことを精神科医としてうなるほど見てきました。

私は、受験勉強で身に付けるべきことは、勉強のやり方を工夫する習慣だと思っています。そして、うまくいかない時は別のやり方を試せばいいという発想を体験から身に付けることだと思っています。それと、今はうまくいかなくても、あれこれ試していればきっとうまくいくという楽天性です。これが身に付けば、すごいエリートでなくても、メンタルがやられることなく、成長していくことができるというのが、私の今の信念です（私自身も成長するつもりなので、これが変わるかもしれませんが）。

今回、それを実践し、私のやり方で、長崎の田舎の学校から東大に合格し、その後起業に成功し、さらにそれで得たお金でアメリカに留学し、それだけでなくアメリカで新しいスタイルの外食産業の起業を試みようとしている一人の青年に出会いました。

愛宕 翔太さんというその青年に出会い、私も色々な刺激を受けました。

私の最近のテーマである、「頭のよさとは何か」とか、「人生における成長とは何か」を考えさせられたのです。学歴ではなく、将来にわたって、それどころか老後まで成長するために必要なことについて、色々と話し合ったのが本書です。

もちろん、成長というのは、今の答えが正解だと押し付けることではなく、人生経験を重ね、学び続けることで、さらに新しい答えが出てくるものでしょう。

ただ、現時点での我々の考える正解を読んでもらうことで、少しは生き方のヒントになると思っています。それを少しでも実行して、これまでと違う人生を歩むきっかけになれば、著者として幸甚この上ありません。

ということで、愛宕さんと本書の編集の労を取ってくださったブックマン社の小宮亜里さんにこの場を借りて深謝いたします。

和田秀樹

第一章

なぜあなたは「いい大学」を目指したか？

編集　まずは、和田先生と愛宕さんがお知り合いになったきっかけを教えていただけますか？　愛宕さんは、和田先生の受験本の読者だったわけですよね？

愛宕　ええと、まずは和田先生の本との出会いからお話ししていいでしょうか？　僕は、長崎県の横尾という田舎町で育ちました。当時の家は賃貸で、自転車置き場に鍵のかかっていない自転車があれば盗られてしまうような、そんな環境でした。ハッキリ言ってしまうと、あまりお金のない家だったと思います。父は中卒なので、勉強を教えてくれることもなかったし、母は僕が大学を卒業したその年に他界しました。

　東大生の親の年収額が他の大学生の親のそれよりも相当高額だという話は、編集者も知っていた。**東大生の半分以上が、親の年収は1000万円**だという調査もある。*結局のところ、教育格差が学歴

東大生の半分以上が、親の年収は1000万円
2021年3月に発表された東大学生委員会による、学部生全員を対象に実施した「学生生活実態調査」（回答者約1700人）では、42・5%の学生が「東大生を支える世帯年収」は1050万円以上であると答えている。

格差を生んでいるというのはもはやこの国の語られない常識だ。目の前の愛宕青年の口から出るワードは、誰もが想像しがちな〝恵まれた東大出身者〟とは確かに違うものであった。幼い頃から、エリートの父親の背中を見て、息子の受験に一生懸命な母親に手を引かれて育ったわけではなさそうだ。

しかし——その背景だけでは、こんにち本の著者になりえはしない。もっと壮絶な境遇から這い上がった者たちの成功体験を、編集者は山ほど知っている。〝父が中卒〟ということを対話の出だしから口にすることにも違和感を覚えずにはいられなかった。〝親ガチャ〟という言葉が流行しているせいもあるだろうが……と、編集者は釈然としないものを感じながらも、それを口には出さなかった。

編集　愛宕さんは幼い頃、あまり勉強ができる方ではなかったと？

愛宕　まったくできなかったわけではなかったのですが、ものすごくできるというわけでもなかったです。そして、小学校の頃は卑屈な子供でしたね。クラスの中でもそれほど喋ることのない、今でいうところの、隠キャでした。その頃の僕はとても太っていて、メガネをかけていたので、学校では「デブメガネ」っていう、超ストレートなあだ名で呼ばれていじめられることもありました。自分の見た目にも、環境にも、父親の学歴にも劣等感を持つような子供でした。

編集　今はとてもスマートなので、想像ができないですね。

愛宕　今より20㎝背が低くて、今より15㎏太っていました。で、まあ特に冴えない青春時代だったんですけど、高校生の時に地元の〈ブックオフ〉で、『**受験は要領**』*という本を見つけたんですよ。

*『**受験は要領**』
和田秀樹著、ゴマブックス刊（1987年）
東大理Ⅲに現役合格した著者が自らの経験を基にした勉強法を公開。「数学は自力で解かず解答を暗記せよ」「英単語より英短文の暗記が受験向き」「カンペ作りで記憶の強化」など、今までの参考書にはなかった切り口で大ベストセラーとなった。

編集　ブックオフですか……その本は、和田先生の受験本の金字塔です。しかしブックオフで買われても、出版社の儲けにも、著者の儲けにもなりません。

愛宕　あ、はい、そうですよね。でも、このタイトルにビビッと来たんです！　読み進めるうちにこれなら自分にもやればできるんじゃないかと思って、勉強を始めたんです。

その本は和田先生ご自身が、「絶望的な劣等生だった自分を東大理Ⅲ現役合格に導いた勉強法」を書かれているものでした。もう、目からウロコとはこのことでしたね。「数学は自力で解かず解答を暗記せよ」というのが特に。そこから、『**数学は暗記だ**』*も探して読みました。そこからどんどん自信がついていったのです。

結局受験勉強をスタートしたのが遅くて浪人してしまったのですが、浪人生の時に、ナナちゃんという女の子がいて、「もし俺が東大に受かったら付き合ってくれる？」って恐る恐る訊いたら、「いいよ」って答えてくれて！

『数学は暗記だ』
和田秀樹著、小社刊（初版は1991年、増補改訂版は2014年）
それまで「解けるまで考える」ことが是とされていた数学問題。しかし著者は、「入試問題を解くために必要な解法パターンを一気に覚えよ」と指南。こちらも受験界の常識を打ち破った衝撃の参考書。解法暗記から試行力養成まで、暗記数学の「正しいやり方」を全公開。ロングセラー。

超うれしくて、これはもう東大を受験してナナちゃんをゲットするしかない！　と思って一念発起して、超勉強したんです。

編集者は、和田の顔を盗み見た。しかし和田は、満足そうに、まるで自分の〝一番弟子〟を見るようなまなざしを愛宕青年に注いでいた。和田は、愛宕青年に確実な何かを見出していると感じた。

編集　それで、結果的に和田先生の本をきっかけに東大に受かったということですね。

愛宕　はい、一浪して受かりました。そもそも現役18歳の時点で**東大模試はE判定***だったので、一浪までならOKって自分で決めてたんです。で、無事に**東大文科二類（大多数が経済学部に進学する科類）***に受かりました。

東大模試はE判定
東大模試とは、主に「駿台の東大実践模試」「河合塾の東大即応オープン」「代ゼミの東大入試プレ」「東進の東大本番レベル模試」の４つを指すことが多い。各予備校が年に数回実施する、東大の出題傾向に即した本番受験さながらの模試試験。合格率の判定はAが80％以上、Bが60％以上、Cが40％以上、Dが20％以上、Eが20％以下といわれている。

編集　なるほど。そして上京して、華々しい東大生ライフが始まったと？

愛宕　いや、そう、うまくもいきませんでした。東大に受かったものの、結局ナナちゃんが上京することができなくて……フラれちゃったんですよ。ナナちゃんが付き合ってくれるって言うから、頑張って東大合格を勝ち取ったのに！　だからろくに大学に行きませんでしたね。

編集　せっかく上京して東大生になれたのに、授業に出なかったんですか？

愛宕　はい、最初の二ヶ月間はほとんど大学に行っていません。東京に行ったら楽しい生活が待っていると思っていたのですが、そうでもなかった。で、とりあえずお金もないからバイトをしてましたね。ただどうせ働くなら、学びになるほうが良いと考えて、東大の中にある**スタートアップ**[*]の建物を見つけ、そこに僕を雇ってくださいと直談判し、たまたま社長が面接してくださ

東大文科二類（大多数が経済学部に進学する科類）
東京大学では入学の時点では学部が定まっていない。受験時に所属する「科類」を選択し、さらにその後、1・2年時の成績と生徒自身の志望により、3年時から正式な学部が決定する。
「文科二類」は「科類」の一つであり、「経済を中心にして社会科学全般の基礎を学び、関連する人文科学と自然科学の諸分野にわたって理解を深め、人間と組織について広い見識を養う」（東京大学公式ホームページ、『入学者選抜方法等の概要』より抜粋）、主に経済学部に入部したい生徒が所属する。

スタートアップ
正式名称は「東京大学アント

り、雇っていただきました。僕は、そこから勉強よりも働くことに興味が向いて、大学生のうちから働いていました。中退しようかとも思ったのですが、「必ず卒業する」と両親と約束していたので、その約束を守るために働きながら最低限の授業に通いました。その時にお世話になっていた社長に、面接で「僕は24歳で起業します！」って宣言したんです。そして宣言通り、24歳で起業しました。

編集　それはすごいですね。しかし、なぜ、24歳と決めたのですか？

愛宕　何事も、早いほうがいいと思っているからです！　僕が大学一年生の時に、母が悪性の脳腫瘍でもう長くは生きられない、ということを父から聞かされました。「自分もいつかは死ぬ。だから早くやろう」と強く思いました。卒業してから起業までは、一年くらいが猶予かなと思っていました。興味はあるけど、どうしようって思っていると、あっという間に時間なんて過ぎちゃ

レプレナー道場」。東京大学産学協創推進本部が展開する三段階の起業家精神育成プログラムであり、起業やベンチャーについて初歩から体系的に学べる。工学部以外の他学部や大学院からも受講可能であり、ゲスト講師として実際の起業家を呼ぶこともある。

うじゃないですか。早く始めれば、その分失敗しても取り返す時間があるし。それに、和田先生の本を読んで、僕が生き方の指針にしたのは、この考え方です。

「やると決めたことはやる、やらないと決めたことはやらない」

目標を持っていれば、そこに向かって計画が立てられるし、計画が立てられれば、自分がやるべきことを具体化して、取捨選択ができる。間違いに気づいても、途中でやり方を変えてやり直せる。だから、人生の大まかな計画を立てるようにしてるんです。

和田　そう。それはいい考えですね。実験というのに失敗はつきもので、失敗したら、新しいことを試せばいいとか、うまくいかなかったらやり方を変えればいいと思えれば、色々なことを試せますし、若いうちに始めたほうが、さらにたくさんのことを試せます。

編集　では愛宕さんは、就活はせずに卒業してすぐに起業ができたんですね。

愛宕　いや、一応就活はしました。それで当時ありがたいことに、**楽天**[*]に内定をいただいたんです。ですが、内定を蹴って起業しました。といってもお金が全然なかったので、ヒモになりながら、起業しました。

編集　ヒモ……ですか？

愛宕　はい。当時彼女だった妻に家賃を払ってもらいながら、起業しました。最初は全然儲からなくて、本当にキツかったですよ！

編集　どんな会社を立ち上げたのですか？

楽天
楽天グループ株式会社。1997年創業。東京都世田谷区に本社を置き、Eコマース、フィンテック、デジタルコンテンツ、通信などさまざまなサービスを展開し、世界中のユーザーに利用されている。代表取締役会長兼社長は三木谷浩史氏。

愛宕　経済学部の授業とはあまり関係がないのですが、僕は当時、プログラミングを勉強していて、少しだけできました。ちょうどその頃はIT系企業がたくさん生まれていましたし、必要なスキルだと思っていたんです。それで当時は仕事をしつつ、勉強もしつつというような感じでした。

そのスキルを活かすべく、起業した最初はプログラミングの家庭教師をする事業をやったんです。そうしたら5人ほど応募が来て、でも結局ちゃんと連絡がついたのは、たった1人だけでした。その方がたまたまIT企業の社長さんで、授業料1時間4000円で、自分が教えに行くわけですが、これじゃあ全然儲からないよな、とやりながら気がついて。

それで、どうしようかなーと思って、そのプログラミングを教えていた社長さんに直接訊いてみたんです。

「なんで僕のところに応募してくれたんですか？」と。そしたら、「会社で優秀なプログラマーを雇いたいけど、自分にプログラミングの知識がゼロだから、彼らの話していることが理解できないんだ。だからまず自分が知識をつけたいんだ」と、親切に教えてくれたんですよ。

それで、〝本当の課題〟がわかったんです。この人の本当の課題は、〝より優秀なプログラマーを見つけること〟。だったら僕が時間をかけて教えるより、優秀なプログラマーを見つけて、紹介してあげればいいんだって思ったんです。そうすれば僕も時間を拘束されず、家庭教師以外のことにも時間を使えるし、どっちもハッピーだな！　って。

編集　それで、お仕事を斡旋する方のビジネスに切り替えたと？

愛宕　差別的に聞こえてしまうかもしれないですが、プログラミングが得意な方って、内向的な傾向を持つ方もいらっしゃいます。自宅で1人の方が集中してできるし、人がたくさんいる会社に出勤したくない、面接も苦手だ、っていう方が多いんです。

僕はそういうのって短所ではなくて、単純な〝特性〟だと思うんです。事実として彼らはプログラミングのスキルを持っているわけですから。だから、そういう人がストレスなく会社と巡り逢えるような、マッチングサービスを開発したんです。その事業がたまたま伸びて……。

編集　成功につながったと？

愛宕　はい、最終的には。でもコロナ禍になったり、仕事が忙しすぎて当時一緒にやっていた役員が体調を崩してしまったり、さまざまな壁にぶち当たりました。その時に、ふと、和田先生のことを思い出したんです。ある講演会を企画することになり、和田先生に講演をお願いできないだろうか。今、和田先生の言葉を聞いたら、自分の中の何かがまた変えられるんじゃないかと思って。

編集　臨床も執筆も、塾も抱えてかなり多忙な和田先生ですから、コンタクトをとるのは難しかったんじゃないですか？　何か伝手があったのですか？

愛宕　当時はありません。ホームページを見ていたら、問い合わせフォームがあったんです。だからそこに気持ちを書いて、ポチっと。

編集　……ポチっと？

愛宕　はい。メールをしたらすぐに返信をくださって。そのあと、和田先生の事務所に、当時は日本で使われ始めたばかりだったZOOMのセッティングに行きました（笑）

いや、本当のことを言うと、返信してくださるなんて思っていなかったんです。でも返信なんてこなくて元々だから、とにかく送ろうって気持ちでした。

だって、送れば返信が来る可能性は1%くらいあるけど、送らなければゼロですから。

で、色々と再認識したんです。コロナ禍で業績が悪化してしまうのも、役員が体調を崩してしまったのも、自分が悪いと責めていてもなんも変わらないなって。

僕、和田先生の受験本の中で、一番好きなのがこの言葉なんですよ。

「君が悪いんじゃなくて、やり方が悪いんだ」

今がうまくいっていないのなら、自分を責める前にやり方を変えて、もっといい方法を実践する。僕だけじゃなくて、巻き込むみんながハッピーになる方法を模索する。今の状況ではそれが無理だから、会社は上場企業に売却することにしました。

編集　売却？　え？　そんなにあっさりと？

愛宕　はい。せっかく作った会社だからこそ、人の手に渡ってもっと儲かる会社になるなら、その方がいいじゃないですか。

編集　……失礼を承知でお訊きしますが、おいくらくらいで売れたんですか？

愛宕　まあ、1億円以上です。

編集　1億円ですか！

愛宕　そうです。だからそのお金で、アメリカでMBA*に行くことにしました。僕、あと数ヶ月後には単身でアメリカに行きます。

MBA
Master of Business Administration（経営学修士）の略称。資格とは異なり、経営学の大学院修士課程を修了した者に授与される。経営に関する幅広い知識やスキルの証明となる。
年間の取得者数は本場アメリカで10万人、日本では2500人程度とされている。

編集 現在の収入はどれくらいですか？

愛宕 ゼロですよ。

編集 ゼロ？

愛宕 収入はまったくないです。毎月50万円から60万円近く減る一方です。

編集 マネーゲームはしていないのですか？

愛宕 **インデックス投資**[*]はしています。一五年間手を付けていないお金が、数千万円くらいかな。本当にそれくらいです。

編集 パートナーさんは、愛宕さんのアメリカ行きに納得されてるんです

インデックス投資
市場の値動きを示す指数（＝インデックス）の値動きに連動をめざす投資手法。代表的なものとしては、以下の指数がある。
日本株式……日経平均株価（日経225、日経平均）、東証株価指数（TOPIX）
米国株式……NYダウ（ダウ平均株価）、S&P500指数、ナスダック総合指数

か？

愛宕　僕よりはるかに器が大きい人なので、認めてくれました。あと最近、僕は寿司も握り始めました。寿司の事業です。〈世界の愛宕大将〉って名前で！　面白いですよ。

編集　す、寿司職人……？　修業はされたんですか？

愛宕　しましたよ。二日間ですけど。あ、今度よかったら食べに来ませんか？

編集　……美味しいんですか？

愛宕　やっぱり正直、いきなり上手くは握れないんで、そこは知恵を振り絞りました。自分が上手く握れないなら、お客様と一緒に寿司を握って、食べること自体を楽しんだらいい、というのが僕の考えたことでした。逆に「愛宕大将、こうやって握るといいですよ」と、お客様に教えてもらうこともあります。でも今、予約は100人待ちですよ。

果たして……ここまで自由奔放でいいものだろうか？　と、編集者は疑問に思った。ろくに修行もしないのに寿司職人を名乗って客を入れ、家族を置いて単身アメリカ留学へ行く。このやりたい放題の青年が、和田秀樹の言う〝理想の読者〟なのか？

それとも自分の頭が固すぎるのだろうか？　先ほどから黙って頷いているだけの和田氏に、編集者は水を向けた。

編集　和田先生……いや、愛宕さんも、お気を悪くされたら本当に申し訳ないんですけども、私は二十年以上も和田先生の本を編集しているんです。和田先生の本のお陰で東大に受かったと喜んでくださっている読者もたくさん知っているし、今まで感謝のお手紙もたくさんいただいています。

ところが最近、和田先生はある雑誌のインタビューでこんなことを仰っている。

「自分自身が理Ⅲに入ったことも、東大医学部に入ったことも失敗だったかもしれない」

これで東大に受かるよ！　というメッセージを和田先生からたくさんいただいてきた編集者としては、立場的に戸惑いもします。そして今日ご紹介してくださったのも、東大には受かったけどほとんど行かなかったという青年。いや、確かに面白いですよ。編集者はいつも、本にした時に注目を浴びる、異色の人を探すのが仕事のようなものです。だけど、今までの和田式受験本に熱い信頼を寄せ、先生に感謝してきた読者の気持ちを置き去りにしやしませんか⁉

和田はコーヒーをテーブルに置くと、少しだけ身体を前に起こし、ゆっくりと、極めて穏やかな表情で口を開いた。

和田　誤解しないでください。私が今の〝東大生〟を危惧していることや、自分の人生に疑問を持っていることは事実です。しかし同時に、今、改めて受験の大切さを認識しています。そして、それを教えてくれたのは彼、愛宕さんです。

編集　……。

愛宕　えっと、僕も受験はものすごく大切だと思っていますよ。だって僕の生き方を変えたのは、和田秀樹氏であり、東大受験なわけですから！

成長できる人間がもつべき「おめでたさ」

和田　要するにね、私の受験本を読んで、受験に合格はしたものの、人生がうまくいった人とそうでない人がいます。人生がうまくいく人には、二つの要素があるんですよ。なんだと思います？

愛宕青年と編集者は互いに顔を見合わせるが、答えが思い浮かばない。

編集　なんでしょう、理解力？　地頭の良さ……ではないですよね？

和田　違います。一つはね、〝おめでたさ〟。おめでたい人かどうか。

人間は、おめでたくなければ人生が苦しくなります。

愛宕　ああ！　確かにそうですね！

和田　少し昔話をさせてください。私は２人兄弟なのですが、１歳離れた私の弟は、私と違って（和田秀樹氏は灘高校）いわゆる二流進学校と呼ばれる高校で、大体２４０人中60番から80番をウロウロしていたんです。中高一貫校に行く文化もなかった時代ですから。落ちこぼれとまではいかなくても、東大には十年に１人、京大に年に１人、神戸大学に10人くらい入るということは、その成績では関関同立に行けたら御の字のはずです。その時私は丁度、東大理Ⅲに現役合格したタイミングで非常に浮かれていた。そうしたら、そんな浮かれ切った私を見ていた弟は、私にこう言ったんです。

「俺は、今の学校の勉強の仕方だから受かんないだけで、俺も灘校のやり方をしたら受かるはずだ！　兄貴、灘のやり方を教えてくれ」

編集　はい。それは、和田先生の自伝的小説である『**灘校物語**』*にあった兄弟のカットですよね？　すごく面白くて、好きなシーンです。『灘校物語』は傑作ですよ。『**80歳の壁**』*なんかよりずっといい本！……あ、すみません。

和田　そう。ですから、まず第一に、偶然にも私の本をブックオフで手に取って、「俺も東大に受かるかも」と思えてしまう愛宕さんの〝おめでたさ〟。これは、人間が成長をするにあたり、ものすごく必要な要素なんですよ。何がどうなるかわからないが、とりあえず今できることから始めましょうという楽観主義が大切。**アドラー***もそう説いています。

愛宕　わあ！　それ、僕はめちゃくちゃ納得できます。さっきも言いましたけど、僕、模試の段階でE判定だったんですよ。普通はまあ諦めると思うん

『灘校物語』
和田秀樹著、サイゾー刊（2019年）
和田秀樹の自伝的小説。成績上位で天下の灘校に入るも、深夜ラジオ放送にドはまりして成績は急降下。紐で足を結ばれて3階の校舎からぶら下げられたり、ゴミ箱に閉じ込められたりなどの壮絶なイジメを受ける。にもかかわらず毎年落選確実候補と罵られながら生徒会役員に立候補、未来の政治家を目指して大人顔負けの熾烈な選挙戦を繰り広げるなど、天才・秀才・奇人ひしめく灘校で自分を見失いかけた主人公ヒデキが、映画への情熱と仲間を見つけ、とうとう編み出した受験のテクニックによって、東大理Ⅲ合格を掴むまでの青春物語。

ですけど。でもその時はなんというか、「一年は浪人してOKって自分で決めた猶予があるし、この本もあるし、俺は受かる！」っておめでたい勘違いができたんです。

和田　そう、「こんな和田の本を読んでもE判定から東大に受かるわけがない」、とあなたがその時点で本を買うのをやめていたら、あなたは東大に入れなかったわけです。

愛宕　僕は、受験というゲームをするにあたり、和田先生の本を読むことで攻略地図と武器をもらったと思っています。それをビジネスにも当てはめて使い倒しているわけです。なんでもいいんですよ。ツイッターのフォロワーを一万人にするでも、昨日の自分を超えるでもいい。

「他人と比較しない」という攻略の技術は、何でも応用可能なのです。

『80歳の壁』
和田秀樹著、幻冬舎新書刊（2022年）
人生100年時代だが、健康寿命の平均は男性72歳、女性75歳。80歳を目前に寝たきりや要介護になる人は多い。「80歳の壁」は高く厚いが、壁を超える最強の方法がある。それは、嫌なことを我慢せず、好きなことだけすること。40、50、60代の老親をもつ世代へ向け、著者が独自の視点から語りかける。六〇万部突破の大ベストセラーに。

アドラー
アルフレッド・アドラー。1870年生まれ。オーストリアの精神科医、精神分析学者、心理学者。ジークムント・フロイト及びカール・グスタフ・ユングと並んで現代の

編集　全力で何かを攻略することだけを考える時期というのは確かに貴重ですよね。大人になると、人間関係がややこしくなる分だけ課題がどんどん増えて、純粋に一つに向き合うことは難しくなっていきますから。

和田　そうなんです。だからこそ、人は受験を経験するべきだと思っています。なかなか、受験以外でこういう体験ができることは少ないんですよ。やり方を変えたら答えが変わり、結果が変わるということを子供時代に経験しておくことが大事なんです。甲子園に出るとかアイドルになるとか、M－1で勝つとかより、よほど確実なのが東大合格ですよ。

愛宕　そう。受験は、技術さえ獲得すれば、勝ちやすいゲームです。攻略法もたくさんあるから、自信もつけやすい。さすがにおめでたい僕だって、100メートルを10秒以下で走れるとは思わなかったから。

僕は、やり方を考えることがすごく好きなんです。やり方は一つじゃな

パーソナリティ理論や心理療法を確立した1人。1911年に、アドラー心理学（個人心理学）を創始。1937年、突然死。享年67。2013年、ダイヤモンド社より岸見一郎氏、古賀史健氏の共著による『嫌われる勇気　自己啓発の源流「アドラー」の教え』が出版され、世界累計1000万部を超えるベストセラーとなり、日本でアドラーブームが巻き起こった。

い、何通りもあるんです。お金がないならないなりに利益が出る仕組みを考える。例えば、寿司を握って1回で20万円の利益が出るのなら、5回やれば100万円の利益が出る。あ、でも、その過程で使った費用を考えれば、20万円も利益出ないじゃん！　など、当然あるんですけれど。それが学びだから。

編集　考えること自体にお金はかからないですしね。

愛宕　そう、かからないんです！　それに、他の人が何に、どのくらいのニーズを感じているのか、今はインターネットでわかります。昔だったらネットがなかったので、半径5キロ以内にいる人にしかモノが売れなかった。でも今は、世界中の人を相手にモノが売れる。だからこそ、マニアックな商品でもニーズがあり、高く売れるわけです。

マニアックというのは、合理性ではないじゃないですか。インターネットはそういう部分を拾い上げることができるんです。だから無限のチャンスが見つかる。今、目の前にいる100人に訊いたら、「愛宕さん、そんなことをやっても意味がないよ」と言われるかもしれない。でもインターネットで15億人に訊いたら、100人の意見なんてあっという間に超えてしまうかもしれないんですよ！

和田 例えば、パン作りに凝り始めたからイーストや小麦の割合を変えてみたり、中の具を変えてみたりして、半年くらいして「これは絶品だ！」というものができたら、インターネットで流してみればいいし、映画だとしても劇映画を撮ろうと思えばハードルは高いけれど、ドキュメンタリーだったら1万時間カメラを回しても10万円くらいしかかからないし、編集もパソコンとフリーソフトでできて、音楽もコピーライトフリーでクオリティの高い曲が今は大量にあります。今は、映画館で配給しなくとも、全世界に配信することはできる。限りなく低予算で作ることができる時代になりました。

現代は確実に、夢を試すことのハードルは下がっている。

愛宕　それって、起業に関しても同じことが言えます。でも、東大卒だったり、頭のいい人って、やる前に理屈を考えがちです。頭が良すぎるために、シミュレーションができてしまうんだと思います。頭の中で算出した数字的なメリットとデメリットを抽出すると、デメリットのほうが心に影響するじゃないですか？　それで、「こんなリスクが大きいものには手を出せない」という結論に至って起業できなくなってしまいます。だから、僕の東大時代の同級生で、起業している人は一割もいないです。

こういうとアレなんですけど、適度なバカさ、おめでたさがないと、起業ってできないと思うんです。だから僕は、自分が適度にバカで、おめでたくてよかったなと心から思います。現実的な試算だけじゃなく、「楽しそう！」とか「何が起きるんだろう？」って単純な好奇心もあるじゃないですか。自分自身の好奇心を、容認できるおめでたさは大切だと思います。

和田　そうそう、それが何よりも大事なことですよ。人間は、「おめでたさ」がないことには何も始まらないんです。もちろんチャレンジにはたくさんの失敗が付きまとうけれど、始めてみないことには成功は絶対にないんです。改めて申し上げますが、今日、私がここでお話ししたいのは、「成功する方法」や「成功の大切さ」ではありません。

私が話したいのは、「成長の必要」についてです。

編集　成長の、必要ですか？

和田　あまり身構えず、ゆっくり私や愛宕さんと議論をする時間をください。きっと陽が暮れる頃には、私が今憂いていることや、今の大人たちに伝えたいこと、そして私が子供たちに抱いている希望に、共感していただけると思います。

編集　わかりました。お願いします。

「ド根性塾」から東大に入った人の末路

和田　先程、私が東大に否定的だと言いましたね。それは、以前にこちらの出版社から**『東大医学部』***（鳥集徹氏との共著）を出したことでもおわかりの通り、確かに大いに疑問を抱いている部分があります。

編集　やはり、そうなんですね。

和田　もちろんご存知だと思うけれど、たくさんの理Ⅲ合格者、東大合格者を輩出している、**〈鉄緑会〉***という名門塾があります。

編集　はい、もちろん存じ上げています。東大受験に特化した塾ですよね。

和田先生は、〈鉄緑会〉の立ち上げに携わっておられましたよね。

『東大医学部』
和田秀樹、鳥集徹共著。小社刊（２０２０年）
東大理Ⅲ→東大医学部卒。それは、日本の偏差値トップの子供だけが許された、誰もがうらやむ超・エリートコースである。しかし、東大医学部卒の医師が、名医や素晴らしい研究者となり、成功した人生を歩むとは限らない。自らが東大医学部を卒業した精神科医・和田秀樹と、「週刊文春」などで、医療問題を抉り続ける気鋭の医療ジャーナリスト・鳥集徹が鉄門の「錆」を語る。

〈鉄緑会〉
１９８３年に創立された、中高６年一貫校の生徒を対象とした東京大学受験指導専門塾。鉄緑会の「鉄」は東大医学部

和田　まあそれは、かなり昔のことですがね。鉄緑会は今や、東大理Ⅲへ毎年30~50人くらいの生徒を送り出す、いわば東大医学部への登竜門ともいうべき大成功した塾なんです。

ただそのやり方は――**開成**[*]や**筑駒**[*]などの指定校からエリートを集め、6年間みっちりスパルタ式に勉強をさせる方法です。もちろん、スパルタの甲斐あって東大全体には毎年500人以上もの生徒が合格しています。

ところが疑問なのは、あくまで私の知る限りですけれど――〈鉄緑会〉の出身で起業して成功した人は見たことがないんです。

愛宕　あ、確かに……。僕の東大の同級生にも鉄緑会出身の人はたくさんいますが、起業してる人、少ないですねえ。不思議だ。

和田　別に、生徒に起業をさせて成功させることが〈鉄緑会〉の目的ではないですけどね。それはわかっています。〈鉄緑会〉の目的は、生徒を東大に

の同窓会組織「鉄門倶楽部」の鉄から、「緑」は東大法学部の同窓会組織「緑会」の緑から命名。講師陣も東大卒の専任講師を中心に、ほぼすべて東大生・東大卒業生の中から厳選されている。和田秀樹はここの創設メンバーだったが、方針の違いから出ていくことになる。

開成
開成中学校・高等学校。幕末の進歩的な知識人であった佐野鼎により明治4年に創設される。当時の校名は「共立学校」であった。明治28年、中国の古い書物『易経』の中にある「開物成務」に由来し、校名を「開成中学校」に変更。「ペンは剣よりも強し」という格言を図案化した校章が象

合格させること。それ以上でもそれ以下でもありません。ただ私が問題視しているのは、

中高6年間のスパルタ教育で、子供の「おめでたさ」を奪ってはいないか？

ということなんです。「とにかくウチの宿題をやってりゃ受かるから」と、中学高校の青春の時期にそれしかできなくなるほど大量の宿題を出して、東大に受かることだけが成功で、それ以外には成功の道はないと、まるで洗脳するような勢いで勉強をさせる。もちろん親もそれに加担しますよ。親の目的も、鉄緑会と同じ、我が子を東大に合格させることですからね。子供からしたら、少しの妥協も許されない生活になりますよね。大人に勝手に決められたゴールに向かって、何も考えず全速力で走り続けろと尻を叩かれている状態です。

だけど一度立ち止まって考えてほしいのは、東大に受からせることが塾の

徴的であり、東大合格者数は41年間連続一位という快挙を挙げている。

筑駒
国立大学法人筑波大学附属駒場中学校・高等学校。開校は昭和22年。当時の校名は「東京農業教育専門学校附属中学校」であった。国立の中学校・高等学校では唯一の男子校でもある。開成・灘と並び東大への進学率が高く、「神童の楽園」とも呼ばれている。

使命なのだとしても、絶対にトップレベルで受からなきゃならないか？　ということです。

愛宕　トップレベルで受かることになんの意味もない。

和田　ビリでも受かればいいとか、合格者の最低点より少し高い点を目標にするなど、もう少し要領よく、心に余裕を持たせて受験勉強をさせてあげれば、受験生時代に好奇心がくすぐられるものとの出逢いがあるかもしれない。もしそれで子供が少し受験勉強から気がそれてしまったとしても、そこを話し合って一緒に受験に向かうのも親が担う、教育の義務の一つだと思うんです。愛宕さん、**河野英太郎氏**[*]という人物のことはご存知ですか？

愛宕　いいえ、存じ上げません。教えてください。どんな方ですか？

河野英太郎氏
こうのえいたろう。1973年岐阜県生まれ。東京大学文学部卒業。グロービス経営大学院修了（MBA）。電通、アクセンチュアを経て、2002年から2019年までの間、日本アイ・ビー・エムにてコンサルティングサービス、人事部門、専務補佐、若手育成部門長、AIソフトウェア営業部長を歴任。2017年には複業として株式会社Eight Arrowsを創業し、代表取締役に就任。2019年、AI／DX／GX人材育成最大手の株式会社アイデミーに参画。現在は取締役執行役員COOを務める。

和田　河野氏は『**99%の人がしていないたった1%のコツ**』[*]というシリーズで、100万部以上売れている本を執筆されています。岐阜県にある田舎の、誰も東大に入らない高校から私の本を読んで東大に入った人なんです。今や執筆活動もしながら、会社の役員や、大学の客員准教授なんかも務めている。

エリートにありがちな、「東大を出たから官僚になろう」という生き方ではなくて、東大を大きなステップにして、数多くのことにチャレンジし続け、自分の精神を継承している。こういう人物がどんどん稀有な存在になっている。それが先ほど言った「おめでたい人」が減っているということを意味している。これ、恐ろしいことだと思っているんです。

編集　しかし、そもそもおめでたい人って減っているのでしょうか？　何も考えていない人、むしろ、おめでたい人が増えている気もしているのですが。

『99%の人がしていないたった1%のコツ』
河野英太郎著、ディスカヴァー・トゥエンティワン刊（2012年）、以降、【99%の人がしていないたった1%のコツシリーズ】として『同、リーダーのコツ』、『同、メンタルのコツ』などが出版され、シリーズは累計140万部を超えるベストセラーとなっている。

減少を続ける「おめでたい人口」

和田　2005年に、『**ドラゴン桜**』[*]というドラマが大ヒットしたのを覚えていますか？

愛宕　はい！　面白かったですよね、確か漫画が原作の。

和田　その時の視聴率は16％くらいあって、最終回は20％超えになりました。その影響力は大きく、当時、ものすごい東大入試ブームが起こったんです。

愛宕　ああ確かに。記憶にあります。

編集　ええ、出版業界でも、かなり話題になりました。似たようなストーリー

『ドラゴン桜』
2005年7月からTBS系「金曜ドラマ」枠で放送された日本のテレビドラマ。原作は漫画『ドラゴン桜』。三田紀房著、講談社刊（2003年）
テレビドラマでは主人公の桜木建二役を阿部寛が演じる。元暴走族の貧乏弁護士が平均偏差値36の高校生を東京大学に現役合格させるまでを描くサクセス・ストーリーとなっており、平均視聴率は16・41％、最終回は20・3％の高視聴率を取った。

を作れないかって社長が騒いでいたのを覚えています。

和田　そうでしょう。ドラマを見た学生がみんな燃えたんですよ。

「勉強のできなかった人間も、やり方を変えれば東大に行けるんだ！」

そんなふうに思えた。いい意味で、気軽な気持ちで受験にトライするきっかけを作った作品です。原作漫画の版元である講談社も、そんな若者のやる気を煽るようにして、**『ドラゴンイングリッシュ』***とかね、大量にドラマ絡みの参考書を作ったんです。

愛宕　ええと、それはいいことですよね？　僕は読んだことなかったけれど。

和田　ところが、です。成功につながる人はあまりいなかったようです。そ

***『ドラゴンイングリッシュ』**
竹岡広信著、講談社刊（2005年）
「ドラゴン桜」英語教師のモデルであり、東大合格者が最も信頼を寄せるカリスマ英語講師による究極の英作文攻略法。30万部突破の大ベストセラー。

もそもドラマを見ていた劣等生が、一念発起しただけで読むには難解な参考書が多かったので、ちょっとハードルが高いなあと、私は当時から思っていたのですが。そんなこともあってね、その後、２０２１年に『**ドラゴン桜２**』[*]というドラマが作られました。視聴率は15％くらいです。

愛宕　ん⁉　多少視聴率は落ちているとはいえ、２００５年と２０２１年では、テレビを見る人口が全然違うから、２０２１年で15％も取るってすごいヒットドラマですよね！

和田　そうなんです。ドラマの視聴率は依然として高い。若者のテレビ離れが進んでいる昨今において、この数字は成功といってもいい。ところが、今回は、以前のような東大受験ブームがまったくと言っていいほど起こらなかった。

『ドラゴン桜２』
２０２１年４月から「日曜劇場」枠で放送された、『ドラゴン桜』の第２シリーズ。主演は第１シリーズと同じく阿部寛が務める。第１シリーズではＴＢＳテレビとＭＭＪの共同製作だったが、第２シリーズはＴＢＳテレビの単独製作となった。平均視聴率は14・82％と前シリーズを若干下回るも、最終回の視聴率は20・４％と上回り、ヒット作となった。

編集　確かに！　ちょっとドラマが話題になれば、少しでもそこにあやかろうと便乗本を出すのが出版業界なのに……。

和田　編集者のあなたが一番よくわかっていらっしゃると思いますが、私の受験勉強本も年々部数が減ってきました。私がやっている通信教育のお客さんも減っています。もちろん、少子高齢化の影響もあるでしょう。しかし一番の問題は、愛宕さんのようにね、青年期の途中から目覚めて、

自分の意思で東大を目指そう！　と動き出す人が如実に減っていること。

これは日本社会にとっても大きな問題であると思っています。そこで私は最近、〈**和田秀樹の親塾**〉*というものを創設しました。文字通り、親のための塾。受験教育だけではなく、現代の子育ての悩みにすべての親が対応できるようにして、不安なく子育てができるようにしてあげたいという意気込み

〈和田秀樹の親塾〉
「和田秀樹の親塾」。40年に渡って受験指導を行なってきた精神科医の和田秀樹が、「親」を対象に「子供の勉強の指導法」を伝えるべく創設した通信講座。小学生コース、中学生コース、高校生コースと3種類のコースがあり、精神科医の立場から非定型発達・いじめ・ひきこもりなどへの対応方法も指導する。2023年には書籍化もされている。『和田秀樹の「親塾」勉強に自信をつける！編』『和田秀樹の「親塾」心とからだの問題解決！編』、小社刊。

で始めたのです。「親が子供に、もっとおめでたい思考を持たせるようにしよう」というメッセージを、強く発信しようと思っています。きっとその中から、未来の日本を引っ張るような人たちが生まれるでしょうから。

愛宕　僕も同意です。先程もお話しした通りなんですけど、起業してゼロからサービスを作るって、本当に未知のことなんですよ。でも怖がってカリカリしている起業家にお金を出そうなんていう投資家はいませんよね。それがもしお店だとしたら、そんな店主のお店では、お客さんは怖くて買い物はできません。

僕は先にお伝えしたとおり寿司の事業を始めましたが、今まで、ご飯もろくに炊いたことがなかったんです。でも、僕は寿司が大好きだし、貧乏だったけど、幼い頃から地元長崎で美味しい回転寿司だって食べてきてるから。

和田　そう。九州の回転寿司はすごいよ。

愛宕　回転寿司に行った時の幸福な記憶は今の僕に少なからず影響を与えているかもしれません。昔、和田先生の本を読んで東大受験を決心した時みたいに、「多分できるだろう！」って、おめでたい未来が見えたんです。

編集　だけど、受験とお寿司屋さんじゃ、全然事情が……。

愛宕　一回握ってみて、二日目からはもうお客さんを入れました。さっきも言いましたが、お客さんが僕のことを心配しながら見守ってくれている感じがまた楽しい。もうなんか不思議な協力体制で、お互いが楽しめる空間になっているのかなって。それで、口コミで予約が増えたんです。だってお客様が一緒に握れる寿司屋なんてないじゃないですか？

和田　その「なんとかなる精神」はすごく大事ですよ。実は私も昔は、アメリカで「ほかほか弁当」をやるのが夢だったんです。

愛宕　ほか弁ですか⁉

和田　昔、アメリカに出張に行く時は、ＵＮＩＴＥＤ航空によく乗っていました。今はマイレージを引き継いで全日空に乗っていますがね。当時は、ビジネスクラスやファーストクラスに乗ると、「ＢＥＮＴＯ」っていう名前の食事が提供されていました。

愛宕　「ＢＥＮＴＯ」って言葉、どうやら**世界共通言語**＊らしいですね。

和田　しかしハッキリ言って、ＵＮＩＴＥＤのビジネスクラスやファーストクラスで出てくる「ＢＥＮＴＯ」は日本の一般的なお弁当屋さんの１０００円しない幕の内弁当とほとんど変わらないな、と思ったんですよ。容器は立派でしたがね。工夫がないんです。私は医者になってから、アメリカに留学していたことがあるので、**カリフォルニア米**＊がそれなりに美味しくて安いこ

世界共通言語
経済大国や周囲への影響力の強い国・地域で話される言語が、違う言語を話す他の国や民族を超えた共通の言語として使用されること。

カリフォルニア米
アメリカのカリフォルニア州で生産されている米。主に「カルローズ米」のことを差す。カルローズ米とは、1920年代〜1950年代ごろ、短粒種であるジャポニカ米と、当時アメリカで栽培されていた長粒種の米を掛け合わせて作られた〝中粒種〟の米。軽い食感と歯ごたえの良さが特徴とされており、和食からサラダなど、幅広い料理に使用されている。

とを知っていました。当時、サーモンや野菜の値段を考えても、日本よりも全然ローコストで作れるなと思ったんです。しかも10ドルくらいで販売しても売れるな、とその時は思いました。

愛宕　基本、アメリカだったら外食や中食は、日本の3倍で値付けできますからね。

和田　カリフォルニアで手に入りやすいサーモンやカリフラワーなんかを使って、肉も日本風だけど欧米人も大好きなＴＥＲＩＹＡＫＩ風に甘辛く味をつけて、ヘルシーで華やかな「ＢＥＮＴＯ」をアメリカのフードコートやなんかで出せば、かなり売れるだろうと思ったんですよ。そうだな、今だったら20ドルで売れるかもしれない。

しかも私が当時暮らしていたカンザスでは魚、特に生魚を食べる文化がないので、寿司よりも、「ＢＥＮＴＯ」が流行るはずなんですよ。「ＮＩＫＵ

ＢＥＮＴＯ」とか書いてね。

愛宕　そういえばアメリカ人って日本に観光旅行に来ると、特に新幹線のお弁当ですごく感動されるらしいですね。幕の内弁当という、ちょこちょこと色々なおかずが詰められているスタイルが美しいし、アメージングらしいです。

和田　そうなんです。だけど私には、幸か不幸か、医者という職があって、患者さんも抱えている。映画というライフワークもある。だから当時、「ＢＥＮＴＯ」屋というアイディアを思いついても、動き出す勇気が出なかったんです。それは今も、少し後悔をしています。

編集　もし和田先生が、今の愛宕さんのようにお若くて、医者というシガラミがなく、すぐに行動できていたなら、実現していらしたかもしれませんね。

和田　そう、それは僕が理Ⅲに入り、東大医学部に入ったことが正しかったんだろうか？　と思わせる一つのきっかけでもありますね。

人生と受験勉強に必要なのは、「応用力」である

編集　少し脱線をしてしまいました。先ほど和田先生は、人生がうまくいく人には、二つの要素があると仰いました。「おめでたさ」ともう一つ。一体どんな要素なのでしょうか？

和田　もう一つは、「応用力」です。

愛宕　応用力……？

和田　ええ。私は数々の本を出していますが、中には私を宗教の教祖のように信じ込み、すべて私の言う通りにやらなければならない、と思い込む読者

がいます。無責任な言い分だと受け取られたくはないのですが、人はひとりひとり全員違います。みんなそれぞれの癖や性格、生活があります。私の『数学は暗記だ！』は、教育関係者や数学者たちから**多くの批判***もありましたが、学力が伸びたという声も多くもらいました。

編集 はい。一大センセーショナルを巻き起こした学習法だと思います。

和田 和田先生の数学暗記法はすごくうまくいった！ でも、英語の勉強法はうまくいかなかった……和田先生のやり方でうまくできるはずなのに……と、私のやり方すべてに固執して動けなくなってしまう人が、一定数います。私は、自分の本の読者にそうはなってほしくないのです。私の学習法が、全世界のすべての人にとって適したやり方ではありません。合わなかった時には私のやり方に固執せず、私のやり方を応用し、あるいは、他の著者の本も参考にして自分がやりやすいようにアレンジして進めることが大切なんです。

多くの批判
『数学は暗記だ！』は出版当初から多くの批判の声が上がり、1991年の『週刊朝日』では、〈受験界で大論争！「数学は暗記か、発想か」〉という特集が組まれた。その誌面において、数学者のピーター・フランクル氏や東大数学科教授の大島利雄氏、元京大教授の森毅氏など、名だたる数学者たちがこの本に対して批判的なコメントを寄せた。批判された理由については、「数学とは一般的に人間の思考力・論理力を養う教養であると思われており、暗記数学がその概念を否定する勉強法であると思われてしまったからではないか」と、和田自身が解析する。

自己流にアレンジして活かせる人は、人生でも上手にやっていく人が多い。

愛宕　僕も実は、寿司事業を始める時に、「握れないけど、どうしようかな」とは思ったんです。でもその時に、「僕にしかできない寿司事業をやればいい」と決めました。立派な寿司屋になるための道のりを従来のやり方でいくには時間がかかりすぎる。一から修行して自分で握らせてもらうようになるまでに10年くらいかかると聞いています。

でも僕は「寿司屋をやる」って決めた。王道ではない僕ができる新しいことってなんだ？「あ！　お客と一緒に握ろう」と。で、「一緒に寿司を握ることをエンタメとして最高に楽しんでくれるのは誰？」って思ったら、「アメリカ人だ！」って思ったんです。

和田　その通りですよ。王道でないからこそ、面白い側道を見つけていけるのです。

愛宕　お寿司が大好きなアメリカ人は多いけど、握ったことがある人はほとんどいないはずで。日本人にすら敷居が高い〝寿司〟だからこそ、とびっきりの体験欲が沸く。しかも店側にも初心者がいれば、あまり恐くない（笑）。もちろん、シャリに黒酢をどれくらい入れるのかとか、魚の捌き方など、基礎的なことはちゃんとやらなければいけないと思い、勉強しました。朝5時に起きて豊洲に新鮮なネタを仕入れにも行きます。ベテランの寿司職人さんにも協力していただいて、初心者が握ってもちゃんと美味しいものが食べられるようには一生懸命工夫しています。もちろんこれは一緒に寿司をやってくれている、信頼できるパートナーがいてこそです。東大受験の時も和田先生がいたように、みんなに助けられているんです。

和田　愛宕さんの、興味が沸いたものを「モノにする力」は舌を巻きます。私が昔カンザスにいた時に、現地の仲間と一緒にしゃぶしゃぶのホームパーティをしたことがありました。ただ、お肉を箸でつまんで鍋にしゃぶしゃぶするだけなのに、現地の彼らは「俺は今日から和食のコックだ！」と、すごく喜んでくれました。少しくらい調理に失敗してしまったとしても、素材が良くて、楽しみながら作ったという経過があれば、美味しく感じるものです。

「楽しかった」という結果が大切で、やり方にこだわって動きを止める必要はない。

それは、勉強でも、夢を追いかける過程でも同じだと僕は思いますよ。だから受験勉強の方法も、私が言うことをすべてその通りにやる必要はないし、アレンジできなければ意味がない。いや、実は私自身も、試し続けることの大切さを認識できたのは、最近のことなんですがね。

楽して利益を出すことは悪なのか？

和田　受験勉強の話に戻しますが、同じパフォーマンスを出すのであれば、なるべく楽なやり方を見つけた方がいいんです。それをしないから、潰れていってしまう。

愛宕　結局、利益というのは「1時間当たりの生産性で考えるもの」だと僕は捉えています。同じ時間を割いて10の利益が出るよりも、１００の利益が出るように活動しないといけない。例えば、僕が始めている寿司事業で言えば、すべて事前決済しか受け付けないようにしています。現金のやり取りを一切なくし、オンライン決済だけで完結させる。

和田　スポーツの世界では段々その考えが出てきているように感じます。ところが勉強の世界では、いまだに受け入れられていない。

「数学の問題を考えて答えが出ない人に、1時間でも2時間でも、考え続ければわかるようになる」と言い続ける人がいますが、それはバカです。

愛宕　勉強で「点数を上げる」ことや、経営で「利益を上げる」ということは、結果ではなく「手段」だと思うんです。しかし、「上げること」を「目的化」してしまっている人がいるように思えます。まあもちろん、「点数を上げることが楽しみ」だと言う人はそれでいいのでしょうけど、僕は「その先の楽しみ」に向かって動いている。作り出した利益の余暇で、友人と楽しく、一緒に寿司を握って食べたり、和田先生のようにワインを飲んだり。楽して短い時間でやれるのなら、そのほうがいい。一年間受験勉強をするのと、三年間受験勉強をするのとでは、やっぱり人生が変わってくる。人生、早いほうがいいんです。

和田と愛宕青年が意気投合していく中、編集者だけは首肯できずにいた。昨今の「合理的に生きることこそが賢い」という考え方には、多少なりとも疑問があった。それは、自身の仕事に照らし合わすことで感じる不合理もあるだろう。例えば編集者は、本の中のたった一行の表現方法について、一晩中悩むことがある。そんな一行で本の売り上げなどちっとも変わらないと知っていても、だ。編集者に限らず、モノ作りの過程などは、およそ「合理的」な振る舞いとは程遠いものばかりだ。

しかし、その〝無駄〟とも思われる時間に得られる学びもある。編集者とは、そう思わなければ正直やってられない職業である。

編集　――話の腰を折ってしまうようなのですが、私は**内田樹***さんの本が好きで、若い頃はよく読んでいました。内田氏が大学教授のお立場としてよく書いていたのは、就職を目的に大学に入ってくる若者たちがいて、嘆かわし

内田樹
うちだ たつる。1950年、東京生れ。日本のフランス文学者、武道家、翻訳家、思想家、エッセイスト、専門はフランス現代思想、武道論、教育論、映画論など。現在は神戸女学院大学名誉教授。多田塾甲南合気会師範も務める。主著に『ためらいの倫理学』『レヴィナスと愛の現象学』『ぼくの住まい論』他多数。

い、ということでした。中年以降であれば合理的に生きてもいいかもしれない。残り時間が少なくなっていますからね。

しかし、若い時というのは結果だけにこだわるのではなく、そこで考える過程というのが、人生にとって得難い成長であると。ずっとそんなことを仰っていたと思います。つまり、その点において、ビジネスと勉強とを一貫して考えるのは難しいのではないですか？

和田　あなたの疑問はもっともです。ただ、数学の問題ができない時に、考える過程によってできるようになるか？　というと、私は残念ながらその可能性は、ほぼゼロだと思っています。そして長時間ひたすら堂々巡りにわからないことを考え続けている時間、

答えの出ない時間に、代わりに生まれるものが、〝劣等感〟です。

私も、「合理性がすべて」であるとか、「無駄なことをするな」、という主張がしたいのではありません。私は、「目の前にあるできない問題を考える力」だけではなく、

「この問題ができなくても合格するにはどうすればいいかを考える力」

も身に付けてほしいのです。どちらかだけがあればそれでいい、というわけでもありません。基本的に、教育者の方々のよく仰りがちな「考える力」というのは、得てして教科書や参考書に載っている難しい問題を解くための考える力です。それは、「与えられた問題」を考える力です。

私がそれよりも大切だと思っているのは、「自分の意思、目的に対して壁として立ちはだかっている問題をどう解いていくか」を考える力です。どうしても英語が苦手だ、それでも受かるにはどうすればいいのか？　あるいは、どうしたらお金がなくても受験勉強を勝ち抜くことができるのか？

今、置かれている状況が悪ければ悪いほど、このように考える力が必要になってくる。それは子供時代よりもむしろ、大人になるほどにたくさん訪れることです。

「俺は貧乏の家に生まれたから、もう受験は諦めよう」とか「この問題がわからないのは素質だ」と、子供時代に諦めることを覚えてしまうと、あるいは、諦めさせることを大人が良しとしてしまうと、その子は、大人になってからも本当に必要な「考える力」がないままになってしまいます。私はそれを危惧しています。

編集　つまり、「考える力」を大きな声で言う教育者のほうが、長いスパンで考えると思慮不足ということでしょうか？

和田　その通りです。ハッキリ言って、本質的な子供の成長を考えていないと思いますね。

「真面目に哲学書を読み、ひたすら考えると賢くなる」と言われますが、私は60歳を過ぎてようやく、「ああ、**サルトル**[*]がええことゆうとるわ！」と思えるわけで。

編集 なぜそこだけ関西弁……。

和田 20代の時に、サルトルの言っていることなんてさ、わかりませんんよ。
〈過ぎ去る時間とは失われた時間であり、怠惰と無気力の時間であり、いくたびも誓いを立てても守らない時間であり、しばしば引越しをし、絶えず金の工面に奔走する時間である〉

愛宕さん、この言葉の意味、理解できますか？

愛宕 あ、いえ。ちょっと何言っているかわかりません。

サルトル
1905年生まれ。フランスの哲学者、小説家、劇作家。実存哲学の代表者であり、自らの意志でノーベル賞を辞退した最初の人物である。1980年、肺水腫により没。享年74。主著に『嘔吐』『自由への道』他多数。

和田　そうでしょう？　若い世代にこんな言葉をわからせようという教育のほうがおかしいんです。哲学書を読んで吸収するには、やっぱりそれ以外の知識や、人生経験が必要なんです。残念ながら。だけど、このサルトルの言葉を習っていなければ、60歳過ぎて「そうだよな」と思うこともないわけです。

「知る」ことと「わかる」ことは違うんです。

編集　それが、「成長する」ということ？

和田　そうですよ。いくつになっても人は変われる。成長できるのです。

第二章

成長できる子供を育てるためには？

子供を「近視眼的な人間」にさせる大人

和田　私が今最も危険視しているのは、親をはじめとする、受験生の周りにいる大人たちです。近頃の若い東大教授や東大生を見ていて、本当に危機感を抱いています。

編集　少子化に伴って、受験教育により熱心な親が増えているように思います。

和田　熱心なのは結構ですが、そのやり方です。人生の中で最も心や身体が発達する〝成長期〟に、ひたすら問題を与え続け、参考書の文章を追いかけ続けさせることは非常に危険です。子供がすごく「近視眼的」なモノの考え方になってしまうんです。

愛宕　近視眼的とは？

和田　ここで、愛宕さんを例に挙げましょう。愛宕さんは僕の本に偶然出合い、受験勉強という苦しいトンネルを抜け、東大を出て起業して、成功させた会社を売り、ある程度のお金が手に入った。

そこで普通のエリート青年であればきっと、〝アメリカに行ってＭＢＡを取ろう〟と思ったところで、すぐにアメリカに行かないにしても、ＭＢＡの準備であったり、英会話を勉強したり、そういうことに必死になると思います。

愛宕　確かにそうですね。

和田　ところが愛宕さんは、ここへきてもいい意味で性懲りもなく、また金儲けをしようと寿司のビジネスの実験を始めている。しかも、アメリカで成功できるようなビジネスを。

人間とは悲しいかな、うまくいっていようが、いまいが、自分が置かれている状況において「近視眼的」になりがちなんです。しかし愛宕さんは反対に、広大な視点で未来を見て、屈託なくチャレンジを続けている。私は、「和田式勉強法で東大に入った奴は、とにかく受かればいいという勉強をしてきた奴だから、つまらない人間になる」という批判をずっとされ続けてきたんです。しかし私もこの年齢になり、愛宕さんに出会い、やはり、

「チャレンジング」であり続けることの重要性を再認識したんです。

例えば、自分が東大に入る夢が破れたがために、我が子を東大に入れることによって当時の恨みを晴らそうというような親御さんが、たまにいます。ところがなぜだか、挫折した親に限って、自分が挫折したのと同じやり方を、我が子に押し付けてしまいがちです。

そして子供をド根性塾へ押し込み、不幸にも勉強嫌いにさせ、不登校になっ

てしまう子もいる。経済的に恵まれている環境にもかかわらずドロップアウトしてしまう。

もしも、「自分が当時東大に受からなかったのは、やり方がよくなかったのかもしれない。だとしたら、我が子には色々なやり方を試してもらおう。自分がやった詰め込み方ではなく、和田式のような、楽していい点が取れるやり方のほうが自分の子供には合うかもしれない」というような考えを持てる親が増えれば、世の中は変わると思います。我が子で試す、のではなくて、我が子と一緒にチャレンジする。

別に、私のやり方でなくてもいいです。どの方法が自分の子に合うのか、どんどんチャレンジしてみる。実験に失敗したとしても、それは無駄ではない。実験をすればなんらかの結果がわかるのですから。次に活かしていけばいい。

ド根性塾を出て理Ⅲに入った人間の九割五分くらいは、大学の医学部教授の大名行列の、金魚のフンのようになってしまっています。この辺のことは、

『東大医学部』に詳しく書きました。

せっかく東大の理Ⅲを出たのに、人生の半分を、医学部の中の金魚のフンとなり、教授の席を争うためのパワーゲームに知恵を絞る。今はそれもできなくなったようですが、製薬会社と癒着し、銀座の高級クラブで接待を受けて分厚いお車代をもらう。それが正しいエリートの道だと信じて疑わない、近視眼的な考えの人を生み出しているんです。〝熱心〟な大人から与えられた大量の勉強をクリアすることだけを必死にやってきて、「なぜそれをしたいのか？」をなくしてしまう。

将来の自分のイメージも、いつかチャレンジしたい夢も持たずに青春時代を費やし、受験勉強をしてきた子供たちが東大に入って何をするか？　また東大でも必死に勉強をするでしょう。その子たちが東大を卒業して何がしたいか？　わからないんです。だから流れに沿って、きちんとした意思を持てないまま官僚としての出世や大学教授を目指す。

大人の顔だけを無理矢理見させられ続けた子供は、大人になっても大人の顔しか見えなくなってしまうんです。

東大ならば、「鉄緑会出身の子たちはみんな優秀だし、私たちの言うことを素直に聞いていていいねえ」と、教授たちは思っているでしょう。そのように育てられているのですから当たり前です。だから、鉄緑会出身者で、チャレンジングに生きている人は少ない。それは、危険なことだと感じませんか？

愛宕　たまたまかもしれませんが、僕の周りの起業家や経営者の友人に「僕は和田式で勉強をして、東大に入ったんだ」と話すと、「ああ、和田先生って、受験は要領の人だよね」と返してくれる人が多いんです。これはお世辞ではなく、六割の友人は読んだことがあると言っています。中には、趣味で10年間寿司を握ってきた営業マンの友人もいます。美言（みこと）という信頼できる僕のビジネスパートナーである彼は、今僕と一緒に寿司事業をやっています。彼もやっぱり和田式で勉強をしていて、趣味の寿司とピアノを思う存分楽しみながら、営業マンの仕事もバリバリこなしていた。彼はやりたいことがとにかくたくさんあって、だから和田式のやり方で、「楽をして済ませるところは楽をする」と割り切りながら勉強をできるのは、性に合っていたと言っていました。

逆に言えば、そういう割り切りがないと、起業してもうまくいかないんです。いざ起業してもお金も知識も経験も何もない。そこで自分一人で全部をちゃんとやろうと思ったら、もう間に合わなくて会社が潰れちゃうんです。だから、「俺には開発はできないけど、営業は得意だからそこをちゃんとやって、開発はAに任せよう」とか、「そもそも開発のない事業にしようか」とか、それって結局、「英語が苦手な分、数学で取ろう」っていう考え方と同じなんです。自分の特性に合わせて、取捨選択をする。

全科目をコンプリートしようなんて、しんどすぎるんです。

和田　そうだと思いますよ。だから不幸なことは、一心不乱に頑張っているのに、パンクしてしまうこと。

私は今、幸か不幸か精神科医になっていますが、別になりたくてなったわけではないです。子供時代の私はいわゆる空気の読めない子でした。友達にも思ったことをそのままズケズケ言っていたのでイジメられ、仲間はずれにされるけど、なぜ自分がイジメられているのかもわからず、懲りずに何度でも同じことを繰り返す。当時はそんな言葉がなかったのですが、いわゆる典型的な「**アスペルガー症候群***」で「**コミュ障***」だったわけです。

愛宕　東大生にはそういう方もいますよね。

和田　私は母親から、いつもこう言われて育ちました。

「**あなたにサラリーマンは勤まらないから人よりも一生懸命勉強して、将来は弁護士とか医者とか、何か資格を取らないと生きていけないよ**」

だから東大理Ⅲから医者の道を目指したのです。しかし東大医学部時代は映画に夢中で、ろくに勉強をしてこなかったので、人を殺しては大変だと思っ

「アスペルガー症候群」
発達障害の一つであり、社会性・コミュニケーション・想像力・共感性・イメージすることの障がい、こだわりの強さ、感覚の過敏などを特徴とする、自閉症スペクトラム障がいのうち、知能や言語の遅れがないものをいう。

「コミュ障」
医学的な診断に基づく疾患の名称である「コミュニケーション障害」とは異なり、緊張して人とうまく話せない人や、相手の意見を聞けず一方的に話してしまう人など、コミュニケーションが苦手な人を指して呼ばれるようになったインターネットスラング用語。

て精神科を選んだという背景があります。ところがある時、患者さんに自殺されてしまうという経験をしました。それから、このままではいけないと感じ、誰よりも真面目に勉強をして、精神科医という仕事に向き合ったのです。そのような経緯を知ってか知らずか、私はよく医師たちの間で槍玉にあげられます。今もね。「アイツは真面目に医者をやらず、受験産業だの、物書きだのをやっていてまったく信用できない医者だ！」と揶揄されます。

愛宕　それは、本をたくさん出したり映画を撮ったりされている、和田先生への嫉妬もあると思いますよ。医者なのに、自由に生き過ぎているから羨ましいんですよ、きっと。

和田　そうでしょうか。まあ、匿名で何を言われようと相手にはしませんがね。私から言わせれば、ろくに臨床もせず、ひたすらに動物実験ばかりやっている連中に医者のなんたるかなんて語ってほしくはない。

私は今に至るまで、臨床をやめたことも、やめようと思ったこともありません。仕事のコツを掴み、他のことにもチャレンジしたいと思っているし、そのように生きているのは事実です。ですが、動物実験ばかりやったって人間のことがわかるようになるとは思えないし、それだけに人生をかけるくらいなら、物書きをやり、受験産業にかかわる生き方が私には合っていると思っています。だから公開の議論であれば、いつでもどのような教授でも、医者でも、私はお受けするつもりです。いつも言っていますが、もし私が間違ったことを言っていれば謝罪して訂正します。

しかし彼らから正式に間違いを指摘されたことはなく、それどころか公開討論を受けてもらったこともありません。ただ単に日本人にありがちなバイアス、つまり、「副業をやっている医者はけしからん。中途半端だ」というような根拠のないことを匿名のネットの世界で言われる。副業していようがしていまいが、要は、パフォーマンスが大事なんです。私は患者さんに対するパフォーマンスはいいと自負しています。高校三年生の頃、映画監督になりたいと思って一年間で３００本の映画を観ましたが、現役で理Ⅲに合格しました。勉強もしつつその時間を作るためには、やり方、パフォーマンスを工夫するしかないわけです。

愛宕　僕もまったく同じです。デートする時間とか、友達と遊ぶ時間をしっかりとりたいから、僕はとにかく工夫して勉強しようと思いました。勉強をサボって遊ぶこととは全然違うんですよ。

編集　ここまでお話を伺って、寿司職人のお話しをはじめ愛宕さんはとても要領のいい方だなという印象です。それは和田先生の本を読んで得たものなのですか？

愛宕　ええと、自分の感覚をしっかりと言語化して言えるようになったのは、和田先生の本に出合ってからだと思いますよ。でも、なぜそのやり方になったのかと言えば、やっぱりきっと、家が貧乏だったからではないでしょうか。お金も時間も持っている人にはそもそも潤沢なリソースがある。でも僕は持っていなかったから、考えるわけで。

編集　ただ、貧乏人ほど愚直に生きている気がするんです。真面目に、コツコツやるしか成功はないと、ずっとそう思って生きてきた気がするんです。

和田　それはそうですね。

編集　金持ちほど要領がいいのがこの国だと思います。なので、愛宕さんはどこでそのような、要領のいい振る舞いを習得したのか？　和田先生の本を読んだだけでそんなに変われるものでしょうか？

愛宕　先生の本だけではなく、結果が出ている人の真似を素直に誰よりも早くすることは、昔からやっていました。僕、多分人の真似をするのがうまいんですよ。

和田 それはご両親の教育ですか？

愛宕 いや、僕がそうしたかったからです。生意気な考え方かもしれませんが、結果が出ていない人を真似してもナンセンスだと思っていました。小さい頃から。

和田 私も相当ひねくれた子供だったから、わかります。小学生の頃から不思議に思っていましたよ。

どうしてみんな結果を出していない人（つまり学校の先生）の言うことを聞くのだろうか？

とね。

愛宕　僕もマセていたんです。当時は「お前が東大なんか行けるわけがない、現実を見ろ」って高校のとある先生からひたすら言われ続けて、「そうは言っても、別にこの人は東大に行ってないんだから、この人の言うことを聞いてもしょうがないよな」って相手にしませんでしたから。そこまで言うなら合格してみよう、と自分の心の火をつけてくれてありがとうございますと、今は逆に、その先生にも感謝しています（笑）

和田　それは、誰からの影響なのですかね？

愛宕　一番大きいのはやはり父の影響だと思います。僕は父とよく喧嘩しますが、父のことを心から尊敬しているし、感謝しています。勉強はできない中卒の父ですが、世の中の仕組みというか、人間の真理というか、そういう

のはよく教えてくれました。コソッと、言うのがはばかられるような真理を教えてくれるんですよ（笑）

例えば、美人のほうが絶対得だぞ、とか、医者の子供は医者になるんだ、とか、今思えば当たり前なんですが、親はもっと子供に嘘をつくでしょ？「見た目は関係ない」とか、「努力すればなんにでもなれる」とか。だけど僕の父はそういうおためごかしを一切子供の僕に対しても言いませんでした。それで幼いながらに人間や人生、生き方について考えることが多かったと思います。

和田　愛宕さんのお父様は、物事を観察する能力に非常に優れている方なんでしょう。

愛宕　そうですね。父は中卒ですけど、あんまり働かずに楽しく生きてるんですよ。

今、見直すべき〝理想の親像〟とは？

和田　私は多くの受験生を目の当たりにして、ある時期からこう考えています。

受験はDNAではなく、技術の伝承である。

　つまり、東大卒の子供が東大に入るのは、遺伝ではない。親が東大に入るノウハウを持っていれば、子供はそのノウハウを容易く受け継ぐことができます。しかし、東大卒で政治家や財界のトップになっている人の子供は、意外と東大には入ってないんです。大企業の、東大出身の社長の子供も、たいがい東大には入っていないんですよ。それはなぜかといえば、東大卒の親に子供と向き合う時間がないからでしょうね。技術の伝承をする時間がない。

奥さんが東大出だったら、話は変わるでしょうけど。

愛宕　東大出身でバリバリ共働きしている場合、そこまで我が子に手をかけられないから、ということですかね。

和田　それは否めません。東大卒の親が、自分の仕事が忙しすぎてこの子に技術の伝承をする時間はないと考えて、**慶應の幼稚舎***に入れるのでしょう。

愛宕　僕の場合、受験技術の伝承は、中卒の父親には無理でした。しかし、考え方の伝承はされました。例えば僕が父に、女の子にモテるにはどうすればいいか？　と訊くと、父はこう言いました。

「足が速くてもいいし、見た目がカッコいいでもいいし、歌がうまいでもいいし、勉強ができるでもいい。モテるやり方は一つじゃない」

と、そういう考え方の人でした。

慶應の幼稚舎
明治7年、福澤諭吉の高弟である和田義郎が慶應義塾構内にて「和田塾」として教育を行ったのが始まり。日本で最も古い私立小学校の一つであり、福澤諭吉の教えを受け継いだ教育が行われることになっている。2022年度の入試倍率は男子9・6倍、女子11・6倍。

僕の父は30年間ほぼ昇給しない安月給で、検診車のドライバーをやっていました。父の職業柄、父の周りはお医者さんばっかりなんですよ。それで、お医者さんの子供たちも通っている国立の学校に自分の息子も通わせれば、自然とお医者さんの子供たちと群れるようになる。そうしたら、自分の息子も真っ当に育つだろうと考えたみたいです。それで僕は、国立の幼稚園から中学校まで上がれる地元の附属に入れさせられたんです。国立の学校だったら、それほど高い学費もかかりません。

和田　戦略的ですね。

愛宕　父は僕たち兄弟に対しては、「バカと一緒にいるとバカになるぞ」とよく言っていました。父が高校に進学した時も、周りがバカな奴ばっかりで、「ここにいたら俺は本当のバカになるぞ」と思って、高校を退学したと聞いています。それで中卒なんですよ(笑)。「俺を反面教師にしろ」ってよく言っていましたね。子供に対して、そこまでストレートに言わなくてもよくないか？　と子供心に思っていました。

和田　反面教師というのは効くんです。私は精神分析の学習を始めて以来ずっと、「父親は理想的な人でないといけない」とか、「母親が父親をバカにしてはいけない」ということを、理論上は学んできたんです。ところが私の母親は、「お前、勉強してへんかったらお父さんみたいになるで」とずーっと私に言い続けましたからね。

愛宕　それ、今の時代は、言ってはいけないワードになっていますけどね。

和田　そうでしょう？　ですが、言ってはいけないはずはない。やっぱり子供というのは、焦るんです。母親の教育では決して、「勉強をしろ」とは言わないんです。

愛宕　僕も両親から、「勉強をしろ」と言われたことはないですね。というか、勉強をしてない親から言われても、何の説得力もない気がします。

編集　愛宕さんのお父様は、周りが医者だらけという環境で、見えない格差のようなものを感じていたと思われますか？

愛宕　その通りです。同じ現場で同じ時間働いているのに、給料も待遇も、何もかも全然違いますから。年功序列だから、全然給料も上がらないし、医学部を出た新卒よりも、全然安いんですよ！　でも父は多趣味で、バスフィッシングをやっていました。あと、ミニ四駆がすごく好きでした。それで、子供の僕に全部付き合ってくれるんですよ。そういう時に父は、あまり詳細を教えてくれずに、まず行かせるんです。

いつも「まずやってみろ」とか、「走らせてみろ」とか。で、当然僕は失敗するんですよ。まったく釣れないし、とか、ミニ四駆全然動かないし！

となるんです。でも仕事が暇で毎日5時に帰ってくるから、そういうのに全部付き合ってくれてたんです。父は仕事が忙しくない分、空いた時間を僕たち兄弟に投資してくれていました。そういう人が父親だというのは、僕はツイてると思います。もし父が毒親で酒だけ飲んで、何も相手にしてくれないような人だったら自分はどうなっていただろう、と思います。

編集 仕事が忙しすぎて全然子供たちに向き合ってくれないエリートの親よりも、向き合ってくれる親だったから、今の愛宕さんがあるのかもしれないですね。

愛宕 そうですね。まさしく。お金はそんなにない家だったけど、すごく愛されていたと思います。

和田 お父様は今、何歳ですか？

愛宕　今年64歳ですね。和田先生と同年代です。父に和田先生の話をすると、お医者さんか、恐れ多い！　というような感じで。「中卒の俺とは違う、俺は反面教師だから」って。あと、父はすごくお酒を飲むんです。もう、アル中になってしまうんじゃないかと心配になるくらい。だから僕はそこも反面教師にして、あまりお酒は飲みません（笑）

「俺は反面教師だ」と言っている父ですが、決して、卑屈だとか、自分の人生に不満をもっている人ではないんです。本当に楽しそうに定年まで、働いていました。ただそれは自分が選んだ生き方であって、息子に「これがいい生き方なんだ」とは言わない。僕としては、父の生き方は僕の生き方とはまるっきり異なる楽しさがあるんだろうな、と思っています。俺の背中を見て育て、とか、そういう九州男児的な考え方ではない人ですね。ちゃんと、能天気さと狡猾さを持ち合わせている人というか……。

和田　そういう気概を、私は日本中の親に持ってもらいたいものですね！

自分の見栄やプライドで、まるで自分のこれまでの人生を肯定するためかの如く、自分が見てきただけのやり方を、しかも成功もしていないやり方を子供に押し付けるくらいなら、「自分はこういうところはうまくできなかったから、こういうやり方を試せば？」と我が子に言える親が増えてほしい。自分が嫌いだった食べ物を無理矢理子供の口に押し込んでいるような親を見ると、その子は食べること自体が嫌いになってしまうよ、と言いたくなる。

愛宕　僕の父は5人兄弟の長男で、本人は親、つまり僕の祖父にいつも勉強しろと言われていたらしいです。長男は家を背負って立つんだからと。でも、父の生きたい人生には、そこまで勉強の意味は見い出せなかったんでしょうね。それで、家を出たと言っていました。

編集　不快に思われたら申し訳ないですが、先ほど長崎のご出身と仰っていましたよね。ご家族に被爆者はいますか？

愛宕　実は、母方の祖父母は広島で、父方の祖父母は長崎で、両家とも被爆者なんです。だから僕は被爆三世ですね。

編集　被爆二世だったお父様に、何か心理的な影響があったと思いますか？

愛宕　もちろんです。「生きてるだけで儲けもんだ」みたいな感覚はありますよ。もう、今日、生きてるだけでＯＫ！　みたいなね。「もしご先祖様が被爆して、亡くなっていたら自分たちも生まれていないわけだから」と。

だから生きてりゃいいよ！　みたいな開き直りは家族の中にあります。僕自身、両親から被爆の話を聞いた時、「ダブルで被爆してて自分が生まれてるのは奇跡だな！　ツイてるな」って思いました。もちろん戦争はなくなってほしいですし、起きてほしくないものです。でも長崎と広島に原爆が落とされた過去の出来事は僕には変えられないので、僕にできることは、それをどう解釈するか？　意味づけを変えることです。

被爆三世ゆえの幸福観念みたいなものは、僕の思考に根付いているのかもしれません。自己破産したって死ぬわけじゃないし、何のリスクもないって思いながら、起業したんです。

最悪でも死なないという事実だけわかっていれば、能天気でいられる。

和田　素晴らしいですよ。

日本人の間に「鬱」が蝕んでしまっているのは、失敗は許されないと思い過ぎだから。

子供は特に、失敗が成長なのです。まだ何も知らない子供に〝失敗はダメ〟なんて植え付けたら、何もかも怖くなるに決まっていますよ。何も知らないんだから。失敗してもいいから試しにやってみる、という博打的な生き方だって大いに結構。私なんて、ほぼほぼ博打的な人生でここまできました。

目的を与えるのではなく、必要性を感じさせる教育

和田　今の大人の悪いところは、先回りしすぎてしまうことです。例えば、イジメが起きました、というと、すぐにイジメをなくそうとします。「仲間外れ禁止」「悪口禁止」そして挙句の果てには「ニックネーム禁止」と言い始めます。私は、大人のするべき仕事はそうではないと思っています。残念ながら、イジメというのは人間社会では起こることじゃないですか。それは大人の社会でも子供の社会でも同じです。

本来、教育者がやるべきことは「暴力でケガをさせられた時は警察へ行けばいい」「心がおかしくなってしまうほど辛かったら学校へは来なくていい」「スクールカウンセラーというものがあるから話をしてみたらいい」と、イジメが〝起こってしまった〟時にどういうソリューションをするか、という

のを教えることなんです。それが大人の仕事のはず。

つまり何が言いたいのかというと、

生きている限り、ゼロリスクは有り得ないんです。


「ゼロコロナ」を目指すなんて言ったバカな大臣がいましたが、コロナであろうが、原発事故であろうが、生きているというのは、いつもリスクに直面するということです。だとしたら、「もしそのリスクが起こったらどうすればいいか」を教える。

そして「危機に直面した時、どうすればいいか」を知っている子供は、チャレンジを恐れなくなるんです。子供の心が傷つくからニックネームは禁止だとか、アレも禁止、ソレも禁止と言ってしまうと、肝心な「試してみたい気持ち」も一緒に閉じ込めてしまうんですよ。その心を奪ってしまっている。

喧嘩をして相手を泣かせてしまったとしても、それをやる前から禁止するよりも、やってしまったことの結果を知らせるほうがよっぽど教育的だと思います。そりゃ、やりすぎて相手に致命傷を負わせてしまってはダメですけどね。

愛宕　確かに、社会人になって一回ダメージを受けると心が折れて何もできなくなってしまう人って、高学歴の方のほうが多いかもしれないです。

和田　親は、子供が学校で何か変なことをしたら、「そうか」とその事実を一度受け止めて、「でもこういうことってね、社会的に問題があるし、叱られちゃうからもうやめよう。他のことだったら色々やってみていいから」と諭す。でもまたやらかしたら、また受け止めて、「これもダメだから、じゃあこんなことやったらどうだ？」って、根気強く子供のチャレンジに付き合ってやるべきなんです。それで子供が色々やってみるうちに、「こんなことを仕事にしてみたいんだよ」とか「こんな仕事で仲間が増えたんだよ」とか。ヤンチャなところから反省し、どんどん成長していく過程を見届けられることが親の醍醐味じゃないですか。

子供時代、ちょっと不良だったとかどうだなんてことよりも、体験する喜び、試す喜びを教えてあげるほうがよっぽど大切ですよ。中学受験が全然向かない子供なら、中学受験をする代わりに「中一の英語だったらお前もできるかもしれないから、それをやってみれば？」と。

子供というのは、伸びしろしかないのですよ。

私は昔、『受験は要領』で「理科の実験は時間の無駄だから寝てるか数学の問題でも覚えてろ」と書いて袋叩きに遭いましたが、理科の実験室こそ、まさに子供の実験精神を奪うものなのです。

愛宕　実験室が実験精神を奪う？

和田　なぜかというと、理科の教科書には、「●●を何cc入れて、次に○○を何cc入れて、どうなるでしょう?」というふうに書いている。最初から「何をどれくらい加える」ということがわかっているならばやる意味がない。
　本当は、それに至るには、何がどれくらい必要かということを考えさせることが「実験」ではないでしょうか?　数学の問題を解くのとは違うのです。しかし、子供に怪我をさせないために、失敗しないとわかっている実験を教える。そんなの実験じゃないでしょ。

実験の本質というのは、失敗して組み直すことなんです。

　成功が決まっていることをやらせるだけならば、それはお料理教室です。いや、お料理教室にもなっていない。料理というものだって、実験精神の旺盛な子供がやれば、少し塩を多めにしてみよう、とか、酢を入れたらどうか、などと考えるわけですよ。つまりもう、今の学校における実験は何の意味もない時間。むしろそんなものを「実験だ」と勘違いさせるほうが、子供にとってはよほど危険です。大人になった時に必要とされる「実験」とまったく別物であるわけですから。それだったら、和田式の勉強法を試してみるほうがよほど実験ですよ。

愛宕 つまり、今の理科の勉強は、「失敗をしないことが当たり前だと思わせる」仕組みになっていると仰りたいわけですね。

「失敗」という言葉がネガティブワードになっていること自体が疑問です。

和田 そうです。子供は、うまくいかなかった経験からやり方を学び成長していくものなのです。

第三章

衰退していく国で個人が成長するには？

編集　ところで和田先生は昔から**AO入試***に反対のご意見をお持ちですよね。それは、ペーパーテストのための受験勉強という経験が、大人になってから必要な考え方を学ぶきっかけになるからですか？

和田　はい、私はAO入試には一貫して反対し続けています。しかし、その理由は今あなたが言ったこととは少し違いますね。そもそも、私は**入試面接***というものに疑問があります。加えて、医学部の入試面接には決定的な欠陥があります。私以外、現行の大学医学部を批判する医師が少ない理由はわかりますか？

編集　さあ……なぜでしょうか。

AO入試
大学の入試方法の一つで、高等学校における成績や小論文、面接などで人物を評価し、入学の可否を判断する。2021年4月入学者対象の試験（令和3年度入試）からは「総合型選抜」に名称変更されている。

入試面接
面接官の質問や課題に口頭で答える試験方法。学校推薦型選抜や総合型選抜（AO入試）の際に行われることが多い。

和田　入試面接があるからですよ！　そこに必ずや個人的なバイアスがかかります。例えば、僕の娘が医学部を受験したとします。そうすれば必ずや、「あなた、医学部批判をしてる和田秀樹の娘さんですよね？　和田さんの子供なのになぜ医学部に入るのですか？」となる可能性がある。もちろん本人に言うのではなく、合格者を決める会議の中でやるのですが。そこまであからさまには言わなくとも、医学部を批判したらあなたの身内は医学部に入れないよ、という権利を教授側は持っています。

だから誰も批判できない。だから日本の医学はよくならない。

愛宕　僕はその構図は日本全体にあると思っています。例えば会社でも、言いたいことを言えないというのは同じ構図で、「給料」ってものを握られていて「人事権」が掌握されていたら、言いたいことなんて言えません。言いたいことを言えば、望まぬ部署に飛ばされてしまうリスクがある。だから僕は事業を起こそうと思いました。

和田　昨今のコロナ騒動一つとっても、「ただの風邪だ」とか「マスクは必要ない」という主張もみんななかなか言えなかったと思います。ワクチン接種に対する不安を口にすることすら、組織の中では言えない空気もあったでしょう。

愛宕　変ですよね。意見を出すことも、批判をすることも、悪いことではないのに。タブー視されているのを感じます。みんながみんな同じ意見であるほうが、よっぽど違和感があるはずなのに。

和田　中国の場合は、**習近平***氏がいなくなったら言えるようになることがドッと出てくると思います。ところが日本は、言論の自由があるにもかかわらず、これだけ政治がボロボロでドル建ての**GDP***が下がり続けてもずっと**自民党***に票を入れ続けるとか、それは異様なことです。

習近平
しゅう きんぺい。1953年北京市生まれ。中国共産党・中華人民共和国の最高指導者。1979年、清華大学化学工程部を卒業。中国共産党のトップである「中国共産党中央委員会総書記」を務め、軍隊のトップである「中央軍事委員会主席」も務め、国家のトップにあたる「国家主席」も務めている。

GDP／国内総生産
「Gross Domestic Product」の略で、「国内総生産」のこと。一定期間内に国内で産出された付加価値の総額で、国の経済活動状況を示す。

言論の自由がないことより怖いのは、思想の自由がないことです。

人を殺してしまったらどこの国でもそれは犯罪です。許されることではありません。でも「殺してやりたい！」と心の中で思うことだけならば勝手で、自由なのです。ところがこの国の人たちは頭の中が自由じゃないから、100か0かの思考になりやすい。

もう何十年も前のお話ですが、私がまだ若く、**国立水戸病院***に勤めていた頃のこと。仕事が終わって家で酒を飲んで寛いでいる時に、病院から電話がかかってきて、「患者さんが急変したので今すぐ病院に戻ってください」と言われることが多々ありました。

それで慌てて車を飛ばして病院へ向かうわけですから、スピード違反で捕まったりもするわけです。その時に真っ赤な顔をして酒臭いわけです。それでも警察に、「私は医者です。水戸病院から救急で呼ばれています。今すぐ行かないと患者の命の危険がある」と説明すると、「それはご苦労様です」

自民党
自由民主党。日本の政党。1955年11月15日結成。自由党と日本民主党を前身とする保守政党。第二次世界大戦後、日本で長期にわたり政権を担当してきた。

国立水戸病院
茨城県東茨城郡茨城町にある独立行政法人国立病院機構が運営する医療機関。1910年に「水戸陸軍衛戍病院」として創設され、現在では「独立行政法人国立病院機構水戸医療センター」となっている。地域医療支援病院の承認を受ける他、救命救急センター、エイズ治療拠点病院などの指定を受ける。

と見て見ぬふりをして病院に向かわせてくれました。

まだ事故を起こしていない私を、スピード違反や飲酒運転で足止めして、それ以上運転させないことはたやすい。しかし、走り慣れた田舎の道で事故を起こす可能性は低い。そして医者が行かなければ、緊急の患者さんはかなりの確率で死亡してしまう――こういう状況の場合に、飲酒運転＝即絶対悪という100か0かの考え方しかできないのは、それはそれで危険です。実際、こういうことは他の医者にもしょっちゅうありましたが、飲酒して患者さんのもとに向かう途中で事故を起こしたという話は、少なくとも自分の病院では聞いたことはありませんでした。今なら、確実に捕まるし、それがバカバカしいので、酒を飲んでいることを言い訳にして現場に行かない医者も多いでしょうが。

愛宕　あまりにも偏った思考は、事実を見えなくしてしまう場合がありますよね。

和田　〝かくあるべし思考〟に陥りすぎて、結果が見えなくなることは危ないのです。＊**コロナ自粛政策で足腰が弱ったり、認知機能が衰えてしまった人が大量に出た**にもかかわらず、コロナにかからないために、自粛のほうが大切だとメディアは喧伝したりする。

愛宕　勉強でもビジネスでも、結果は事実の数字で、冷静に見る。その上でチャレンジを止めずに改善を続けていくことが大切だということですよね。続けていく過程にこそ、楽しみがあるわけで、改善のきっかけを掴むことができる。

コロナ自粛政策で足腰が弱ったり、認知機能が衰えてしまった人が大量に出た
全国6自治体の約8千人（40歳以上）を対象に、筑波大大学院の久野譜也教授らが行った調査によると、2020年11月時点で60歳以上の27％にコロナ前よりも認知機能の低下がみられた。久野教授は「いずれも5月時点の調査と比べて割合が増えており、外出自粛が長引いていることの悪影響が出ている」と指摘する。「人と会話をしないこと」が認知機能の低下に関係しているとし、「体を動かすだけでなく、笑顔が出るような会話や生活を楽しむ要素が欠かせない」とも指摘している。

「貧乏でも幸せな国、日本」が引き起こす長期低迷とは？

編集　最近は、東大に対する世間の見方が少しずつ変わってきていると感じます。「今は東大を出たって、いい会社に就職できるかわからない。大学なんて関係ない」と言っている東大生がいました。ネット上でも、「東大出の新入社員は使えない」というような記事を散見します。就職に関しても、親世代たちは「〇〇大学を出ているのだから、最低でも年収はこれくらいもらえるところに」というこれまでの価値観よりも、「どこでもいいからとにかく正社員になりなさい」と諭す風潮がある気がしています。

和田　そう、日本経済の長期低迷の一番大きな理由は、実はそこにあるのですよ！

私が子供の頃、寿司と焼き肉というのは、それは高級な外食メニューでした。1980年代はじめ頃、寿司を食べようと思えば目の前で握ってもらうお寿司屋さんで一人1万円は払わないと食べられないし、焼肉屋に行くとしても一人1万円は当然のようにかかっていた。つまり家族にとって一大行事だったわけです。何かのお祝いでないと食べられないものの象徴が寿司と焼き肉だった。ところが今は、大学生のアルバイトの給料でもそこそこ美味しい回転寿司は食べられるし、牛角に行ったら1人2千円くらいで肉を食べて、なんならお酒も飲める。「もうこれで十分だ」と思う人がたくさん出てきています。

愛宕　つまり、「貧乏のクオリティ」が上がっているということですか？

和田　そう、だから現代は、単に少し人より収入が高かったり東大を出たりしたところで、幸せ度がすごく上がるかと言うと、そんなことはないとみんなわかってしまった。

2名の新入社員の命を奪ってしまった**電通事件***から、労働意欲を搾取するような過労死問題などもメディアで取り上げられるようになり、バリバリ働いてエリートになって銀座や北新地で旨いものを食べるよりも、「そこそこの稼ぎで、そこそこ働き、駅前のレストランでそこそこ美味しいものを食べるほうがいい」というような風潮はより高まったと思います。

国民の満足度のハードルが低くなった。それは国力が落ちたということです。

愛宕　いやあ、まさに僕もその1人ですね。僕は個人としての満足度のハードルが低い、今時の人間です。僕、毎日ユニクロの服です。寿司もやっていますが、スシローの寿司を食べられたらそれはそれですごい幸せです。だからこそ、僕がこの本で一番伝えたいのは、「ノーリスクなことならば、やりたいことは何でもやったほうがいい」ということ。満足度のハードルは低く

電通事件
1991年8月27日、電通に入社して2年目の男性社員（当時24歳）が、自宅で命を絶った。一ヶ月あたりの残業時間は147時間にも及んだとされる。遺族は会社に対して損害賠償請求を起こし、2000年、裁判は同社が遺族に1億6800万円の賠償金を支払うことで結審した。過労に対する安全配慮義務を求めた最初の事例とされる。2015年12月25日、同じく電通の新入社員であった女性社員（当時24歳）が、クリスマスの朝に寮の屋上から飛び降り、命を絶った。女性社員の残業時間は100時間を超えていたといわれており、社員の過労自殺を繰り返してしまった電通は世間から大きな批判を浴びた。

なった。しかしその代わりというか、多少失敗したところで最低限のセーフティネットは格段にクオリティが上がっていると思うんです。

和田　愛宕さん！　それは違う！　日本のセーフティネット、すなわち公的扶助制度は、*__先進国の中では最低レベル__ですよ！　ネットなどでの生活保護叩きも相も変わらずです。自分より楽して金をもらっている奴らを許さないという僻みがすぐに憎悪に変貌する。とはいえ、確かに国力が落ちた我が国では、**もっと稼ぎたい！　という強くて単純な感情が、芽生えなくなった不幸がある。**

　むしろガムシャラに働くなんてバカバカしい、少ない金額で賢くやりくりするのが美というような思考になっている気がします。

先進国の中では最低レベル
日本では生活保護利用者数が増加傾向にある一方で、利用率は減少している。生活保護の利用率・捕捉率の比較（2010年）データでは、日本における生活保護の利用者は人口の約1・6％しかおらず、先進諸外国の割合と比べ、極めて低い（ドイツ9・7％、フランス5・7％、イギリス9・27％、スウェーデン4・5％）。また、日本の生活保護費（社会扶助費）のGDPにおける割合は0・5％であり、この数字はOECD（経済協力開発機構）加盟国平均の1／7にすぎず、先進諸外国に比べて極端に低い。

だけど、ガムシャラに働いて稼ぐことが否定される世の中はおかしい。お金を持つと、色々なことを知る楽しみというものがある。愛宕さんも知らない世界にチャレンジしたいと思っている。

愛宕　確かにそうですね。僕も、次にやりたい事業をまたみんなとやるために稼ぎたい、というような気持ちでやっているので。

「この道しかない思考」が招く、先細りの国力

和田　国力が弱くなるということは、将来の選択肢が狭くなるということでもあります。そして「この答えが正しいのだ」とたった一つの選択肢を正解と思い込んでしまうのは、チャレンジ精神を抑え込み、成長を停滞させることになりえます。

例えば、「安倍元首相は立派だった。あれほど立派なリーダーは日本にいなかった」と彼をレジェンドとして語る人が今、たくさんいます。もちろん、安倍さん暗殺事件は歴史上に残るショッキングな事件ですし、全国民がテレビで最期の瞬間を目撃したわけですから、悼む気持ちは生まれて当然です。

しかし、アベノミクスによって国の成長が著しく滞ったことへの危機感、その他、森友事件などの政治的責任が、安倍さんをレジェンドに仕立て上げることによって「なかったこと」になるのは大いに疑問ですね。悼むべきと

ころは悼む。しかし、政治的責任はそれでチャラにはならない。これもつまり、一つの選択肢だけを採用したことによる「思考停止」の状態。

政治がらみの話で言えば、私は関西人なのでとても気にしているのが、ここ最近の大阪の地盤沈下です。**大阪府のGDP***は愛知県に抜かれ、もう福岡県にも抜かれつつある。だから、維新は**IR構想***をぶち上げた。かつての**「一億総中流*」と言われた時代**とは違って、今は中国と仲良くできなければ、その地域は落ちてしまう。

愛宕　ええと、和田先生は、今の中国と仲良くするべきという考えですか？

和田　私は大阪の人間だから、「頭下げんのはタダや！」という発想を持っています。

愛宕　ええ？　和田先生って、すごいプライド高そうなのに。東大医学部卒

大阪府のGDP
2023年5月26日公表の「大阪府民経済計算」によると、名目GDP・実質GDPともにマイナス幅が拡大している。府内総生産は、名目39兆7203億円、実質38兆8921億円。府民所得は、25兆76億円で対前年度8・0％減。経済成長率（府内総生産の対前年度増加率）は、名目3・9％減、実質4・6％減。

IR構想
「Integrated Resort」（統合型リゾート）の略称。民間事業者がホテルやレストラン、ショッピングモール、エンターテイメント施設、国際会議場・展示場、カジノなどの施設を一体的につくり、訪日外国人を呼び込むことを目的

の方の多くはプライド高いんじゃないですか？

和田　中国に多少ペコペコしたって、それで儲かるならええやん！　という、関西人気質みたいなものがあるんです。ところが少し前まで大阪市長を務めていた橋下徹さんや、松井一郎さんとは考え方が全然違うんです。まあ、松井さんは行政と深いかかわりを持つ土建屋さんのご子息だから、「頭を下げるのは政治家にだけだ」という思考が身体に染みついているのが見てとれます。要は、お客さんに頭を下げることのない家で生まれ育っているんです。橋下さんや吉村さんも、弁護士だから頭を下げるという発想は見受けられません。それというのは、大阪商人とは全然気質の違う人たちです。

中国にも、北朝鮮にも、ロシアにも、とにかく日本の強気一辺倒でいくぞ！　という人たちがトップに立つと、今の大阪のような結果になってしまう。

としている。大阪府の計画では年間来訪者は2000万人、経済波及効果は毎年1兆1400億円を見込んでいる。しかし誘致先である人工島・夢洲の整備には莫大な公費を使うため、実現できなかった場合の大阪市の財政リスクを懸念する声も数多く上がっている。

「一億総中流」と言われた時代
大多数の日本人が、「自分は中流階級に属する」と考えていること。1965年代以降、旧総理府などにより実施された「国民生活に関する世論調査」で、自分の生活水準を「中の中」とする回答が最も多く、「上」または「下」とする回答が合計で1割未満だったことから言われる。

ということがよくわかりました。ハッキリと申し上げて、維新のやり方は、武家の商法にすら感じられる。

愛宕　武家の商法？

和田　明治維新以降にできた喩えです。もともと武士であった者が商売を始めても、威張ってばかりいて失敗してしまう。要は、プライドが優先して商売が下手だということですよ。

愛宕　なるほど、わかりやすいですね（笑）

和田　そういう人たちが「日本人としての誇り」という言葉をやたらと多用して、安倍さんを尊敬してやまない。しかしまずは、結果をきちんと見てほしい。政治だけは、過程を楽しむものではなくて結果が全てでしょう。人口

１９８０年代から社会格差は拡大し、一転して「格差社会」という言葉で形容されるようになる。２０２０年のコロナ騒動により、「一億総中流」の幻想は完全に崩壊したといわれる。

韓国に一人当たりのGDPで抜かれて科学技術の論文数も抜かれています
日本経済研究センターが発表した「アジア経済中期

が日本の半分にもいかない*韓国に一人当たりのGDPで抜かれ、人口が日本の半分にもいかないのに科学技術の論文数も抜かれています。

ところが、数年前から起きている「日韓逆転」という厳然たる事実さえも、この国の保守政治家は認めたがらない。

韓国に日本が負けるなどとは意地でも認めたくない保守派の人たちは、「アベノミクスで日本の株価は上がったし、失業率は下がったんだ！」と声を張り続ける。中国の発展に関してはフェイクニュースだと言い出す始末です。

編集　確かに和田先生は、10年ほど前からすでに「国の衰退はGDPを見よ」と発信されていましたよね。当時まだ誰もそんなことを言っていなかったのに、「アベノミクスは危険だ」と危惧をされていたのを覚えています。

予測」によると、2022年時点において日本は、1人当たりの名目GDPが3万3636ドルにとどまり、台湾（3万3791ドル）に抜かれ、2023年も日本の名目GDPは3万3334ドルへと小幅に減少し、韓国（3万4505ドル）にも抜かれると試算した。
また同年、文部科学省の科学技術・学術政策研究所が公表したランキングでは日本の論文発表数がスペインと韓国に抜かれ、前回発表時の10位より転落し、過去最低の12位となったことがわかった。

「下しか見えない」嫉妬渦巻く現代の日本

和田　戦後高度成長期からバブル時代までの日本の姿を例えて言うなれば、〝一生懸命勉強しているうちに、クラスで一番になれそうだった子〟です。

愛宕　〝なった〟ではなく、〝なれそうだった〟のですか？

和田　そうですよ！　1980年代初頭には、「Japan as Number One」*という言葉も生まれて大流行しました。まあ、愛宕さんはまだ生まれていないだろうから知らないよね。これは学校の中でも同じです。もうすぐクラスで一番になれそうな子は、クラスの一番の子ばかりを見て自分に何が足りないかを考える。決して、自分より下の子を見たりはしない。

ところが、思わぬ病気をしたり怪我をしたりして休んでいるうちに、10番

*「Japan as Number One」
1979年に出版されたアメリカ合衆国の社会学者エズラ・ヴォーゲルの著書『Japan as No.1』が日本国内で大きな話題となり、ベストセラーとなった。同時に「ジャパンアズナンバーワン」という言葉は日本で流行語となった。

くらいまであれよあれよと成績を落としてしまった。

一番を狙っていた子が、急激に成績が落ちるとどういうことが起きると思いますか?

愛宕 やる気をなくすとか?

和田 その前に、今まで関心がなかったはずの自分より成績の低い子が気になり始める。一番、二番を争っている時には全然気にもとめなかった子、ビリの子のいたずらばかり気になるのです。

愛宕 ああ、それは、太っている子も同じですよ。太りだすと、今まで気にもとめなかったクラスで自分よりも太っている子の存在が気になるんです。

和田 そう。成績も体形も、クラスの中のヒエラルキーは同じです。自分がイケている時は気にもとめなかったクラスのモテない子が、落ち目になった途端、「コイツはダメな奴だ！　ムカつく」と、異様に自分より下の存在に執着してしまう。そんなクラスの中でランクを落としている子供こそが、今の国際的に見た日本の姿なのですよ。

編集　和田先生の昔の著書『**嫉妬学**』*にありましたよね、足を引っ張るのが、エンビー型嫉妬！

和田　そうです。下を見ている間は、努力することも忘れてしまうことが多いのです。落ち目になった途端、自分より下を蹴っ飛ばすことに快感を覚えるようになる。最悪です。

愛宕　そのエネルギーを日々自分ができることに向けて行動していったほうが、自分自身もハッピーになれるのに……。

『嫉妬学』
和田秀樹著、日経BP社刊（2005年）
市場経済もスポーツも戦争も恋愛も受験も、人間が動くところの根には必ず「嫉妬」という感情がある。この嫉妬にはしかし、その表現形においてニ種類あった。競争に打ち勝ち人を乗り越えようとする健全な嫉妬「ジェラシー型」と、人の足をひっぱり自分の下に落とそうという不健全な嫉妬「エンビー型」。なぜある人間は競争を好み「勝つ」ために努力を惜しまず、ある人間は自分が努力する代わりにライバルの足を引っ張ろうとするのか——。人間がどう動くかを、明確に分析してくれる、面白くてためになる「嫉妬の科学」の書。

和田　〝衣食足りて礼節を知る〟かどうかわかりませんが、**今の日本の一人当たりのGDP**[*]はすでに30番くらいまで落ちています。昨今の円安でもっと落ちているでしょう。そんな時に、上を目指していこう、という話に全然ならない。それが恐ろしい。自分たちの状況から目を背け、上昇し続ける中国を憎むことで精神を保っている。そんなことでは、本当に日本民族の危機です。

愛宕　なるほど。それは、和田式の受験本の考え方とまったく同じですね。「相対成績を見ず、絶対成績を見よ」ということでしょうか。

和田　さすがは私の愛読者ですね！　まさしくその通りです。偏差値が60の子を70に上げよう、というのではない。仮にその子が東大に受かりたいのだとして、入試問題440点満点中、今は模試で150点しかとれないとします。それを230点まで上げれば東大に合格できるという発想を持つことが大切なんです。周りがどれだけ勉強をしていても、合格ラインの最低点数は

今の日本の一人当たりのGDP
野口悠紀雄氏はダイアモンドオンラインにて、IMF（国際通過基金）の推計を基に、世界7カ国の2019年から2021年へのGDP増加率を比較したデータについて言及している。中国が14・5％、ドイツが11・8％、フランスが7・4％と2％以上の成長率を出している中、日本は最低の0・46％だった。この結果に対し、経済界からはコロナ禍の影響を主張する声が多く上がるが、一方でコロナ以前から日本のGDP成長率が先進国の中で圧倒的に低かったとの指摘も出ている。

あまり変わらない。ならば、自分なりに攻略法を考えて頭を使う。

そして私が灘校にいた頃に非常に大切だと痛感したことは、受験勉強であっても、仲間と助け合うことです。足を引っ張り合っていたら、かえって点数は下がってしまう。

「コイツが沈めば自分が浮上する」という考えは最も不毛な考え方です。

愛宕　でも、受験は競争であり戦争だと僕らは教えられてきたのです。相手を蹴落とせと。

和田　成績の悪い仲間といれば、自分の成績も落ちるんですよ。なんでもそうです。バカはバカ同士、悪は悪同士つるむのが世の中の常です。それは政治の世界を見ていたってわかるでしょう？「金儲けをしようとすると人間はさもしくなる」とか、「受験で点数を取ろうとすると人間が狭くなる」というのは嘘です。仲間とうまくやって、「人を上手に使える」「人と助け合える」人のほうが、パフォーマンスは良くなるんです。

そんな当たり前のことに気づけない人が、受験勉強や商売をむやみに批判している。

愛宕　確かに！「経済」という言葉の語源は、「経世済民」ですものね。「世を収め、民を救う」という意味で経済です。人の生活も政治資金も、利益を出すことによって生まれているわけで。「人と人が助け合うためにどんどん儲けよう！」というのは、正しいんですよ、ね？

なぜ給料を上げられない？
～市民の心理が理解できない経営者たち～

和田　今の日本の商売の本質的なミスというのは、従業員への給料を出し惜しんで利益を確保しようという発想にある。これはケチで頭の悪い経営者のやり方だと思っています。確かに従業員の給料を下げれば、一見その会社は、利益が上がっているように見えますよね。ですが確実にマーケットは小さくなるんです。

愛宕　ものを買える人が少なくなりますからね。

和田　そうです。例えば、日本の大企業と言われている**パナソニック***も、**ソニー***も、**トヨタ***だって、売上高に占める人件費の割合はおよそ僅か一割でしょ

パナソニック
パナソニック株式会社。東京都港区に本社を置き、家電・食品流通・電気設備などの開発・製造・販売などを事業とする。1918年、松下幸之助が「松下電器産業株式会社」を創業。創業当初は僅か3名の会社であった。2008年、現在の社名である「パナソニック」に改称する。

ソニー
ソニーグループ株式会社。東京都港区に本社を置き、エレクトロニクス事業やゲーム事業などを幅広く手掛ける。1946年創業。井深大、樋口晃、太刀川正三郎らが資本金19万円、従業員数約20名の「東京通信工業」をスタートさせた。後に盛田昭夫が加わり、世界的な企業となる。

う。とすると、給料を倍に上げたところで、経費は一割程度しか増えない。

だけどもし今、すべての会社が給料を倍に上げたとしたら？

愛宕　シンプルに、マーケットは倍になります。

和田　そう。つまり、単純に考えれば自社商品の値段を倍にしたって売れるようになるんですよ。ところが、仮にケチな社長が給料を半額にしたとしても、5％しか浮かないわけです。5％しか浮かないのに給料が半分ならいわゆる可処分所得は5分の1になってしまう。するとマーケットは5分の1になるということです。

愛宕　それって、大損失じゃないですか？

トヨタ
トヨタ自動車株式会社。愛知県豊田市に本社を置く日本の自動車メーカー。1933年、株式会社豊田自動織機製作所（現在、豊田自動織機）で、発明家である豊田佐吉が織物の機械化、自動化に注力する中、息子の豊田喜一郎が、会社内に自動車部を設立。開発の努力を重ね、1936年には「トヨダAA型乗用車」を発売。1937年、トヨタ自動車工業株式会社を設立する。2023年現在、国内では業界最大手と言われており、世界最大の自動車メーカーの一つである。また、日本で最も売上高の大きな企業である。

和田　そうですよ！　そんな大損失の時代を日本は30年も続けているわけで。その心理が私には到底理解できない。

愛宕　端的に言って、日本の給料が上がらない原因はそこなんでしょうか？

和田　日本の老舗企業の社長は、二世の人たちが多い。それの何が問題かと言えば、彼らは裕福な家庭で育っている。普通のサラリーマン家庭で育てば、ボーナスが出たり昇給したりすれば、家族で寿司や焼き肉屋に行く、あるいは新しい冷蔵庫や洗濯機を買うという、当たり前の消費の姿を経験してきた。しかし、裕福な家庭の子供はそういう経験をしていない。いつもなんでも買ってもらえて育った人には、給料が上がればマーケットが増えるという、当たり前の発想にならないんですよ。私は決して、「二世＝バカ論」を是としているわけではありません。ただし、

経団連
一般社団法人日本経済団体連合会。日本の代表的な企業1512社、製造業やサービス業などの主要な業種別全国団体107団体、地方別経済団体47団体などから構成される団体連合会。現在の会長は十倉雅和氏。
企業と企業を支える個人や地域の活力を引き出し、日本経済の自律的な発展と国民生活の向上に寄与することを活動の目的としている。

法人税
法人が企業活動により得られる所得に対して課される税金。国税の一つ。法人の所得金額

当たり前の市民の心理を知らない人が企業のトップであるのは問題です。

愛宕　そうですよね。しかも経営者は会社の経費で色々なものが買えてしまうところもあるから、お財布が二つある感覚に陥ってしまいがちです。給料でもらうサラリーとは違うから、純粋にモノの値段が見られなくなってしまっているのでは？

和田　もしも私が**経団連***の会長だったら、「給料を倍にしたらマーケットは倍になりますよ！」と主張します。でもどこか一社が目先の利益を取ろうとして裏切ったら、みんな右に倣えをしてしまう。だから絶対にみんなちゃんと給料を上げなさい！　と半ば強制的に言うのが、経団連のすべき仕事であるはずなんです。

　ところがこう言うと、「**法人税***が高いから社員の賃上げができないのだ」と言う輩がいますが、それは法人税の仕組みを理解していない小者経営者の言

は、益金の額から損金の額を引いた金額となる。
日本の法人税率は事業所を構える都道府県によって異なる他、資本金が1億円を超える法人と、1億円以下の中小法人の二つによっても分かれる。資本金が1億円以下の場合、所得金額を課税基準とした所得割のみが課せられ、1億円以上の場合、所得割に加えて外形標準課税という、資本金額などの法人の外形に基づく課税が行われる。
また、日本の法人税率は30年ほど減少傾向にある。日本の法人税の基本税率は、2019年4月1日時点では23・4％。中小法人は年800万円以下の所得については軽減税率の19・0％だが、2021年3月31日までの期限限定で15・0％となる。

葉です。

愛宕　そもそも、日本の法人税は下がり続けていますよね。

和田　法人税が高かった頃の日本、つまりバブル期を振り返ってみてください。法人税というのは利益課税ですから。法人税が高ければ高いほど、利益を出さないで経費を使おうとするわけです。だからバブルの時代には、ゴルフ場や銀座や北新地のクラブで、高級車に乗った経営者が「税金でもっていかれるよりマシや」と言いながら消費をしてくれていました。豪華な社員旅行などもそうですよね。

しかし今は法人税が下がりすぎてしまったために、会社や、社会全体ではなく自分自身の利益だけしか考えないケチな経営者が増え、なるべく**内部留保**[*]を貯めようと積み上げてゆく。経費を惜しむということは、自分の会社に投資をしないということです。社員の給料や、新しい技術の開発費などの経

内部留保
当期純利益のうち配当金に回されない部分、即ち、企業が生み出した最終的な利益のうち、社内（内部）に蓄えられる（留保される）部分を意味する。「利益剰余金」とも言い、その会社の長期的な収益力を判断するための大きな指標となる。

費をケチり、国に対して税金を値切り続けたところで、会社の力が先細りするだけだということにも気づいてないんですよ。

経産省や財務省はもっと大胆な尻の叩き方をしなければ、経済は停滞したままだと思っています。例えば法人税を高くする代わりに設備投資は全額経費として認める、とかね。

高齢者はターゲット外？
変化する時代と変化できない作り手たち

和田　日本の経済活動において私が大変残念に思うことは、ありとあらゆる業界で、作り手がチャレンジ精神を失っていることです。それはつまりバイアスに囚われているということ。例えば、**植木等***さん出演の『**ニッポン無責任時代***』という映画を知っていますか？

愛宕　何ですか、ソレ？

和田　でも、**スーダラ節***は知っているでしょう？　植木さんが歌ったあの歌がテーマ曲の、昭和30年代の大ヒット映画です。その当時の平均的サラリーマンの生活を滑稽に描いています。植木等さんは昭和元年生まれですが、役

植木等
うえき ひとし。1927年生まれ。日本の俳優、歌手、タレント。「ハナ肇とクレージーキャッツ」のメンバー。1961年、「お呼びでない？……こりゃまた失礼いたしました！」などのギャグで爆発的な人気を得る。「無責任男」をキャッチフレーズに、数多くの映画に出演。『スーダラ節』『ドント節』をはじめ数々のコミックソングをヒットさせた。2007年、呼吸不全により没。享年80。

『ニッポン無責任時代』
1962年、東宝により製作された日本映画。「クレージーキャッツ」のメンバーが主演を務める「クレージー映画」第1作。植木等演じるお調子者のサラリーマンが出世

の設定は昭和5年生まれ。そして映画がつくられたのは昭和37年。

愛宕　主人公は32歳の設定なんですね。今の僕の年代くらいということ。

和田　そうです。昭和5年生まれの平均的サラリーマンが大卒で**ホワイトカラー**[*]で、銀座で飲み、そしてゴルフをやっているわけです。そうして、その世代の人たちが定年退職を迎えるのが大体昭和の末期。そうするとですよ、もう昭和の末期くらいから、高齢者や定年退職後の人間はもう、**ブルーカラー**[*]からホワイトカラーに変わってきているのに、テレビはそれから30年以上経っていてもその発想がまったく変わっていない。

例えば夜の11時や12時台になると、高齢者が面白いと思える番組が一つも作られていない。私は、高齢者がお金を使わないのは彼らが老後に不安を抱え、ケチになってしまっているからだとずっと思っていたんです。あとは子供に相続させたいから、貯め込んでいるのだろうな、と。でも今はそうでは

街道を突き進む姿を描き大ヒットを記録した喜劇映画。監督は「若大将シリーズ」などで知られる古澤憲吾。

スーダラ節
1961年、東芝音楽工業（現：ユニバーサル ミュージック合同会社）から発売されたレコード。作詞は青島幸男、作曲は萩原哲晶。ハナ肇とクレージーキャッツ、とりわけ植木等が爆発的な人気を得るきっかけとなった曲であり、日本の昭和期の代表的な流行歌。累計売上は80万枚。

ホワイトカラー
服装で職業を分類する言葉。カラー（collar）とは英語で「襟」を意味する。「ホワイトカラー」は白い襟の服（ワイシャツ）を着て

ない可能性のほうが高いと思っています。

愛宕　意識的に貯め込んでいるわけではないということですか？

和田　なぜそう思ったかというと、昨年、拙著『80歳の壁』が、ありがたくも2022年のベストセラーで1位をいただきました。それにより、出版社と雑誌社から私のところにとてもたくさんの依頼がきました。

愛宕　このところ、先生のことをメディアで見ない日がないですからね！

和田　ところが、テレビ局やラジオ局から私のところへ連絡がきたことはない。

「老人向けのエンターテインメント番組を作りたいから、何かアイデアを出してくれ」

いる職業を指し、具体的には「一般事務」「営業事務」「企画」「総務事務」「経理事務」「エンジニア」「弁護士や税理士」などがある。

ブルーカラー
ホワイトカラー同様、服装で職業を分類する言葉。青い襟（作業着）を着ている職業を指し、具体的には「製造業」や「建設業」、「鉱業」といった生産現場で生産工程などに従事する、作業員、技術者などをいう。

なんて言ってきた人は誰もいないのです。もっと言うと、例えば自動車メーカーが「和田さん、老人のことをよくわかってるんだから、老人向けの商品企画に付き合ってよ」と言ってきたっておかしくないわけだけど、そんなことも一つもない。

日本の企業の多くは、高齢者を消費者と思っていないんです。日本の29％が高齢者であるにもかかわらず！

実は今、『80歳の壁』を映画化したいというお話をいただいているのです。私はもちろん、著者としても映画監督としても、前向きに検討していますが、一部、「老人の話で成功するのだろうか？」と難色を示している方もいます。バカなんですよ。

愛宕　一応ＩＴをやってきている人間として冷静に考えると、例えばテレビ

CMとかは、どの時間帯にどのようなユーザーがどのくらい見ていて、自社のサービスにどれだけ誘導できているか、ということをみるサービスが結構作られているんですね。ラクスル*というう会社がやっていたり、テレシー*というサービスが出ていますが。

結局、なぜアメリカがあんなにお金を使えるのかというと、僕はやっぱり日本よりも事実の数字に目を向けて、科学的根拠があるからだと思っていて。……映画はもちろんエンターテイメントであり、芸術産業だということはわかっているんですけど、結局資本主義の世界で映画を作るとなると、それはやはり、どれくらい儲かるんですか？　と投資家は確実に訊いてくる。

和田　私がこの『80歳の壁』映画化がなぜ当たると思うのかというと、人口の29％は高齢者であるということと、加えて最も大きな理由としては、『80歳の壁』がよく売れている書店は、いわゆる郊外型のスーパーに入っている書店だということ。車で買いに来るような場所です。内容としても、「免許

ラクスル
ラクスル株式会社。２００９年創業。東京都品川区に本社を置き、インターネット関連のサービスを中心に展開する企業。印刷機の稼働率が４割程度であることに着目し、これを利用することによって自社の印刷工場を持つためのコストを削減し、低廉な価格でのサービス提供を実現した。２０１５年、米Red Herring誌による世界で最も革新的なテクノロジーベンチャーを選出するアワード「2015 Red Herring Top Global 100」に選ばれた。

テレシー
２０２０年、電通とＣＡＲＴＡが共同事業としてサービスを開始した、運用型テレビＣＭソリューション。ＣＭの効

は返さなくていい」と書いているような本なわけで、車で買いに来るお客さんに売れているのでしょう。今、地方のショッピングモールのシネコンの近くをうろうろしているのはやはり高齢者なんです。高齢者向けの映画がやっていたら、きっと入ってくれるでしょう。

愛宕　確かに。ご高齢の方は、今主流となっている**ネットフリックス***などのオンデマンドサービスで映画を観るより映画館に行きたいんじゃないかな。

和田　そうそう。そしてもう一つ、今の高齢者の青春時代は、映画が最高の娯楽だったのですから。もし高齢者向けの娯楽映画で何十億も興行成績が出たら、雨後の筍のようにまねをする人も出てくるだろうし、私への依頼も殺到すると思いますよ。

愛宕　先進国の中で圧倒的に高齢化が進んでいる日本だから、日本しか発見

果を可視化し、戦略立案から企画、制作、放映までニーズに合わせた一気通貫のサポートを提供している。

ネットフリックス
ビデオ・オン・デマンド方式による配信登録制のストリーミングサービス。1997年、リード・ヘイスティングスとマーク・ランドルフによって設立され、カリフォルニア州ロスガトスに本社を置くNetflix, Inc.によって運営されている。世界各国に支社を持つ。2015年、日本でのストリーミング配信サービスを開始すると同時に日本法人として「Netflix株式会社」が設立された。現在ではオリジナル作品の製作なども手がけ、有料会員数は全世界で約2億3250万人とされている。

できないマーケットの延ばし方があるはずですよね。

和田　**星野リゾート***だって、高齢者向けの**超高級旅館のサブスク***を始めたら、僅か二ヶ月間で完売だったらしいですから。高齢者から見て魅力的な商品を出せば、買ってくれる可能性は非常に高いのに、「高齢者ってどうせ金使わないよね」というバイアスにいつまでも囚われている。

タクシー業界が顕著な例です。今、タクシーを利用する高齢者は非常に多い。ちょっと病院に行く、買い物に行くとかでも、足がだるいからタクシーを使う。高齢者は免許を返納しろという動きが強まっているから、尚更です。それなのに、タクシー広告はどこをみてもＤＸで、高齢者向けのタクシー広告なんて見当たらない。

結局、試す前から答えが出ていると思い込んでいる人たちが圧倒的なんです。

星野リゾート
長野県北佐久郡軽井沢町に本社を置く総合リゾート運営会社。1904年創業。井沢に隣接する佐久で生糸業を営んでいた星野国次（初代経営者）が星野温泉の掘削を開始し、1914年に『星野温泉旅館』を開業させた。2023年現在では複数のブランドを持ち全国各地にリゾート施設を展開している。1991年に4代目の代表取締役に就任した現社長の星野佳路氏は、リゾートの再建やブランド拡大、クラフトビールブームの先導も行うなど、既存ビジネスの枠組みを守りながら、新規事業の拡大にも力を注いだ。その仕事術は大私は精神科医ですが、鬱病の患者さんが来たところで、「この薬がこの人には合う！」なんてわからないのですよ。患者さんに通い続けてもらいながら、あれこれと試していくんです。

一番合いそうなものを処方して、合わなければ変える。そうして試行錯誤しているうちに、その人に合った薬が見つかる。「この症状にはこれしかない！」とマニュアル通りに同じ薬を出し続けるなんて、職務怠慢のヤブ医者です。経営者も同じことなんです。

きな注目を浴び、『カンブリア宮殿』『ガイアの夜明け』など、数多のメディアでとりあげられている。

超高級旅館のサブスク

星野リゾートが２０２２年４月から開始した「温泉めぐり 界の定期券」をはじめとする温泉旅館のサブスクリプションサービス。70歳以上を限定とし、星野リゾートが全国に22施設展開する日本旅館『界』から、年間12泊、自由に選んで宿泊できるという内容になっている。２０２２年４月から１００組限定で販売を開始し、僅か二ヶ月ほどで売り切れとなった。料金は30万円〜72万円。

経営者と起業家の違いとは？

愛宕　僕は、経営者と起業家には明確に違いがあると思っているんです。例えば、タクシーの車内広告でよく「DX*」が流れますよね。さらにそのCMでは、経営者の成功事例をよく流しています。

あれは、基本的に、タクシーには社長がよく乗るから、という理由でCMが流れているんだと思うのです。

僕から見れば、経営者はいつだって、再現性、つまり、成功事例はあるのか？　ということを気にするんですよ。要は、1億円入れたら10億円に増えるよね、ということをしないと、従業員の給料を上げられないし、投資家も納得しません。だから儲かる事例の再現性を求める。一方、**起業家であれば、誰もやっていない分野に飛び込める。**

DX
デジタルトランスフォーメーション（Digital Transformation）の略。「デジタル変革」という意味であり、ビジネス領域に限らず広義な意味を持つ。2004年、スウェーデンにあるウメオ大学のエリック・ストルターマン教授によって提唱された概念で、「進化し続けるテクノロジーが人々の生活を豊かにしていく」というもの。

自分が、ファーストペンギン*になれるのです。

ファーストペンギンになった後で経営があるわけで。「やってみます」という考えになるんですよ。

編集 では、起業家も守りに入るターニングポイントというのがあると？

愛宕 はい。僕の経験上、それは結構ありました。10年間経営をしていると、やっぱりトラブルはあります。そうなると再現性がある形で売れるようにする仕組みを、多くの起業家が経営者になる過程で考えるのです。

でも、「生涯起業家」みたいな人もいて、そういう人は何回も会社を売るんですよ。立ち上げの新しいことを試すことだけが得意だし、好きだからというのでやるんですけど。

ファーストペンギン
主にビジネス界において、未開拓の分野へ挑戦する精神の持ち主のことをいう。魚を求め、群れから飛び出して海へ飛び込む1羽目のペンギンの勇敢さが語源となっている。

編集　起業した一社に愛情を持って、辞めずにやり続ける人もいますよね？

愛宕　**Google***や**Facebook***の創業者とか、**孫正義***さんとかは、起業家から経営者に進化しているパターンだと思います。でもそれは、ＩＴ黎明期という時代が後押ししてくれたのかもしれません。

和田　しかし私は、日本の起業家の多くは、そこまで起業スピリッツがあるようには見えません。周りがうまくいっていることを真似する人がすごく多いように思う。今はどこを見てもＤＸ。ＩＴの時はＩＴ。

日本は、自分から何かを作りだすよりも、新しいものに飛びつく力に価値が求められる国なのです。

愛宕　だから成長が止まってしまうのですかね。しかし、それは構造的に日

Google
Google LLC。1998年、スタンフォード大学の博士課程に在籍していたラリー・ペイジとセルゲイ・ブリンの2名によって創業された米国の企業。インターネットの代表的なサーチエンジンの一つであり、同サービスを運営する。日本では2000年からサービスが開始され、サーチエンジンの他に、地図、インターネット広告、電子メールなどさまざまなサービスが提供されている。

Facebook
2004年にマーク・ザッカーバーグとエドゥアルド・サベリンによって創業された、アメリカ合衆国のソーシャル・ネットワーキング・サービス企業。2008年、日本語版が公開。実名登録制と

本とアメリカに違いがあるからだと思えます。例えば、日本の株式市場というものがあります。良くも悪くも、小ぶりな、数億円という売上の規模感でも上場することが可能です。

僕は、今度はアメリカでナスダックに上場する会社にかかわりたいと思っているのですが、アメリカだとその規模では上がらせてもらえません。上場してからも、その後の成長を継続的に求められ、一定の基準を満たせなくなった場合、市場から退場させられてしまいます。投資家が求めることが全然違う。これは、メジャーリーグにおける、厳しいチーム内のスタメン争いを彷彿とさせますね。

編集　日本とアメリカでは上場の基準が違うということですか？

愛宕　違いますね。上場の基準だけではなく、そもそもの企業価値が違うという話をすると、わかりやすいので説明させてください。

なっており、個人情報の登録も必要である。2010年にはサイトのアクセス数がGoogleを抜き話題になり、2011年には世界中に8億人のユーザーを持つ世界最大のSNSになった。

孫正義
そん まさよし。1957年、佐賀県鳥栖市生まれ。実業家、資本家、投資家。1980年、カリフォルニア大学バークレー校を卒業。1981年、24歳にして福岡県大野城市に「日本ソフトバンク」を設立し、代表取締役社長に就任。慢性肝炎により一度は社長を退くも、1986年に社長職に復帰。

どのくらい違うのかというと、例えば日本のSOFTBANK*は、日本企業として、時価総額TOP10に入っていますが、今この原稿を書いている2023年7月時点で、時価総額は7兆円ほどです。じゃあアメリカのapple*とMicrosoft*の時価総額は今いくらか？　大体200兆円は超えています。もう、少なくとも20倍以上の差がある。当然それだけの企業価値の差があるわけなので、そこで働く人の給料がどうなるかといえば、3倍の差が出るに至っても、何の違和感もありません。差が開いている要因として大きいのは、言語です。日本語だけでサービスを提供すると人口1・2億人に対してサービスを提供することになりますが、英語圏だと15億人を相手にできる。この差がそのまま時価総額の差に現れていると思います。

しかも、日本の人口はさらに縮小すると考えられていますよね。こうなると、日本市場だけに閉じこもり、日本人のお客様だけを相手にすることは、望ましくない状況でしょう。

僕は日本が大好きです。だけど、日本に閉じこもっていては、日本の成長

SOFTBANK
ソフトバンクグループ株式会社。1981年創業。東京都港区に本社を置く日本の「持株会社」。電気通信事業者やインターネット、AI関連会社などが傘下にある。「情報革命で人々を幸せに」を企業理念としている。代表取締役は孫正義氏。日本企業の時価総額上位ランキングでは11位。（2023年9月1日時点）

apple
Apple Inc.。1976年、スティーブ・ジョブズ、スティーブ・ウォズニアック、ロナルド・ウェインの3名により創業。カリフォルニア州に本社を置くアメリカ合衆国の多国籍テクノロジー企業である。デジタル家庭電化

には携われない気がします。だから僕は、アメリカに行くことにしました。

日本で、日本人を相手に日本人が好きなものを売ることが日本を想っている働き方か？　僕は全然そう思わない。

編集　そのチャレンジの第一歩が、なぜ「寿司」なのでしょう？　ご専門はITなのに？

愛宕　やりたいから、という気持ちの部分ももちろんあるのですが、単純に、寿司をビジネスにするという視点だけではないのです。〝寿司を一緒に握って食べる〟ということを通じて、これまで会えなかった色々な方々との出会いがあります。僕は、結局、ビジネスチャンスは人が運んできてくださるものだと信じています。

寿司を通じて知り合ったことをきっかけとして、別のビジネスをやっても

製品、ソフトウェア、オンラインサービスの開発・販売を行っており、ハードウェア製品としては、iPhone、iPad、Mac、Apple Watchなどの開発および販売を行う。その他にもソフトウェア製品としてのApple Musicや、iCloudなどのクラウドサービスまで広範囲にわたりサービスを展開している。

Microsoft
アメリカ合衆国ワシントン州に本社を置くコンピューターソフトウエア会社。1975年、ビル・ゲイツとポール・アレンにより創業。1985年にパソコン用OSのWindowsを開発。1990年にWindows向けのオフィスソフトとしてMicrosoft Officeを販売。1995年にウェ

いいと思います。例えば、ベンチャーキャピタルといわれる仕組みを作って、ベンチャー企業に投資したり。そういったことも、僕のやってみたいことの一つです。昨今の日本は**大変な円安***じゃないですか。

編集　はい、絶望的な声も多く上がっています。

愛宕　でも、1970年代にも、**1ドル360円という時代***がありましたよね。それに比べればまだ、今のほうが円高じゃないか！　とも、僕は思うわけです。みんなもう、忘れているかもしれませんが、どうしてあの時代に、ソニーの創業者である**盛田昭夫さん***がわざわざアメリカにチャレンジして、売りに行ったのか？　それはきっと、アメリカで売ったほうが、高く売れたからでしょう。当時、ソニーの製造拠点は日本にも多くあったから、きちんと品質のいい商品を作って、付加価値をつけて高く売っていた。だから、日本の会社にいる人たちのお給料を上げられたのだと思います。

ブブラウザのInternet Explorerをリリース。2001年に家庭用ゲーム機のXboxを販売。その後も幅広い展開を続けている。

大変な円安
2022年4月28日、外国為替市場で円相場が下落し、一時は1ドル＝131円台と、2002年4月以来およそ20年ぶりの円安・ドル高水準が付いた。現在では1ドル＝145円と、さらに円安が進んでいる。

1ドル360円という時代
1949（昭和24）年4月23日、GHQ（連合国総司令部）が1ドル360円の単一為替レートの設定を発表し、同年4月25日より実施された。固定相場制はその後22年間続き、1971年12月、ス

つまり、商品というのは、お金を持っている人たちに付加価値をつけて売れなければ、「みんながお金持ち」という世界にはなれない。

編集 ……で、愛宕さんの場合はそれがお寿司屋さんだったと？

愛宕 付加価値をつけられるなら、寿司に限らなくてもいいと思っています。ただ寿司というのは、日本の文化、日本がルールじゃないですか！ 資本主義や、基軸通貨をドルとするなどは、基本的に欧米で生まれたものですよね？ 僕は、他国の人間が作ったルールで商売をやっても、なかなか儲かる気がしないんですよ。だから、アメリカで寿司をやったとしたら、その寿司職人の給料は日本国内で働く場合の3倍にはできるでしょう（もちろんその分、アメリカで生活するコストは高いという点はあるのですが）。今、例えばニューヨークの寿司屋で、寿司職人の給料がどれくらいかご存知ですか？

ミソニアン博物館で定められた1ドル308円というスミソニアン・レートを経て、1973年2月より変動相場制へ移行した。

盛田昭夫さん
もりた あきお。1921年生まれ。日本の技術者であり、実業家。1946年、ソニーの前進である東京通信工業株式会社（現ソニー株式会社）を設立、取締役に就任。1950年、日本初のテープレコーダーを発売。1958年、ソニー株式会社に社名変更。翌年、副社長に就任。米国にソニー・コーポレーション・オブ・アメリカを設立、取締役社長に就任。世界初のトランジスタテレビを発売。1961年、日本企業として初めて米国でADR（米

編集　いや、想像がつきません。

愛宕　最低でもお店のマネジメント層であれば、800万円はもらっています。でも日本の場合だと、超一流ホテルの寿司屋で修業10年目で握っている職人でも年収400~500万円がいいところ。日本で日本人相手に商売をすることだけが、日本の文化を大切にすることではないと思います。

和田　これはもっと、日本の富裕層は自覚したほうがいい話です。これだけ円安と給料が上がらない時代が続くと、日本の寿司職人、いや、寿司だけでなくて、日本の文化を担っているはずの職人たちが海外のほうが儲かるということに気づき、海外に行ってしまうんです。それが続くとどうなるか？「世界で一番美味しい寿司を食べられる場所はニューヨーク！」というように世界の認識が変わってしまうかもしれない。

国預託証券）を発行する。その後は一家で米国へ移り住み、ソニーを世界の企業へと育てた。1999年、肺炎により没。享年78。

編集　それはよくわかります。しかし、愛宕さんの得意分野は、ＩＴですよね？

愛宕　なぜ僕がシンプルにＩＴだけで勝負しないのかといえば、そもそもインターネットビジネスの世界では、日本語だけでサービスを提供してしまっている時点で難しい、という状況があります。それはなぜか？　前述しましたが、英語を話す人は世界に15億人いるといわれています。それに対して、日本語を話す人は1億2千万人。つまり、15倍のデータ量の差があるということなんです。例えばAmazonとかで、自動で「あなたにおすすめの商品」を勧めてくる機能があるじゃないですか？　あれはデータ量によって推薦の精度が決まってきます。15分の1のデータ量だったら、負けると決まっているようなものです。

編集　いや、そこは、わかるようなわからないような。

愛宕　つまり僕は、日本人である特性を生かして、そこが弱みにならず、強みとして見えるように、挑戦できるやり方を常に探しているということです。それが限定的な機会であることも理解していますが、ないものねだりをするよりも、今あるものに目を向けていくことが大切だと思います。

和田　その通りですよ。

経営者を甘やかす日本の経済政策

愛宕　僕が思うのは、例えば、インバウンドの観光客に対しては価格を3倍にして、日本人は3分の1にする。日本人の使えるお財布から出せるお金は限られています。この30年、日本の経済成長は止まったままです。日本は**低金利政策***を始めましたが、これは他の国では考えられないことです。アメリカと日本の金利差が、円安をさらに加速させているように思います。

低金利で経営者に中長期の商売をさせちゃダメだと思っています。

なぜなら、例えばお金を借りた時の金利が1%でいいのであれば、利益が薄くても全然回ってしまうじゃないですか。極端な例になりますが、利益率が2%でも融資を受けた上での商売が可能になってしまうと思いませんか？

低金利政策
基準割引率および基準貸付利率の引き下げや、預金準備率を引き下げることにより、金利を引き下げようとする景気刺激策である。
日本では2016年から「マイナス金利付き量的・質的金融緩和」として、マイナス金利政策が導入された。金融機関は日銀に資金を預けたままにすると金利を支払わなければならなくなるため、金融機関が企業への貸し出しや投資に資金を回すように促し、経済活性化とデフレ脱却を目指す政策である。
しかし「金融緩和の副作用」として、金融機関の収益環境や、年金などの運用環境悪化など、各方面から懸念の声もあがっている。

和田　安さが売りのドン・キホーテでもどこでもそうですが、売上に対する利益率が５％、10％でいいわけです。そんな利益率、アメリカでは許されないですよ。

愛宕　もちろんAmazonのように、戦略的に利益を出さずに先行投資をするという場合は話が別ですが、そうでもない限りは、投資したいと思う投資家がいない、という状況になるわけです。融資という観点においては、この書籍を書いている時点では、３％以上の日米の金利差があります。融資に重きを置いてお金を調達した場合には、経営者には最低でもそれ以上の利益率を出せる形で商売をしていくことが求められます。なので、もっと儲けるために値上げをして、でもそれによって給料も上がっているから値上げもまかり通っていく。

和田　そんな当たり前のことが、どうして日本のトップがわからないのかが、私にはわからない。30年間まったく経済成長していないのですよ、この国は！　私は1991年から3年間、カンザスに留学していたから、アメリカが一番ダメだった時代を知っているんです。その頃はアメリカも低賃金で、本当に安いものしか売れていませんでした。

例えば、ソニーのウォークマン。僕がアメリカに行った当時、ウォークマンは30ドルくらいでした。私が日本で買ってアメリカに持って行っていたウォークマンは3万円くらいで、そのかわりにカセットサイズでした。でもアメリカのウォークマンは弁当箱くらいの大きさでした。しかし、その大きさでもアメリカ人は買うんです。彼らは僕の薄いウォークマンを見ると、「いいなあ！」と羨ましがる。だけど、「ヒデキ、その小さいウォークマンはいくらなんだ？」と訊かれて、３００ドルくらいだよ、と答えると、「クレイジー！　そんなバカなものをよく買うなあ」と急にバカにした目で見られました。

経営者に一番に知ってほしいことは、従業員というのは一歩会社の外に出ると消費者になるということ。それが理解できないから、給料を多く渡すと損だと思ってしまう。日本人は今、人生100年時代と言われるようになっています。ところが結局、日本人の言うところの〝現役〟というのは、〝現役労働者〟のことを言っているんです。

実際は、現役労働者ではなく、現役消費者こそが、世の中の〝現役〟なんですよ。

日本でこれから、再び経済大国になれるチャンスがあるとすれば、今お金を持っている高齢者の人たちに、有意義にお金を使ってもらうしかない。だから**相続税を100%**[*]にしてしまえばいいと、私は以前から言っているわけです。極論に思えるかもしれませんが、大胆に日本を改革するには、一度やってみる価値はあります。

愛宕　確かに、そうすることでチャレンジもしやすくなるかもしれませんね

相続税を100%
和田秀樹オフィシャルブログ『テレビで言えない本当の話』内において、2008年7月24日の記事「相続税」や、2012年6月3日「再び相続税100%論について考え

（笑）。ちょっと極論な気もしますが。


る」などで度々語られている。

「例えば、相続税を本当に100％にした場合、日本の個人金融資産が1500兆円、土地などの資産が仮に1500兆円としても、30年間くらいでおよそ2500兆円くらいの相続が行われる。年間80兆円強である。全額取り上げることができれば、国債費を含む国家予算がすべてまかなえることになる。私は事業継承をする人や親の介護をする人には多少まけてやってもいいと思っているので、それをのけても年間50兆円くらいになる。これは消費税20％分のお金になる。消費税を1円も上げなくても、今後の高齢者福祉、超高齢社会の費用がまかなえるのだ」

――2008年7月24日「相続税」より抜粋。

本当に幸福になれるお金の使い方とは？

和田　お金を使う、というのは、実はとても頭を使うことなのです。お金を稼ぐことについては、ある程度コツが掴めたり、お金儲けの基盤ができていたりすると、案外簡単にお金が入ってくるようになります。

愛宕　お金がお金を運ぶこともありますもんね。

和田　そうなんです。ところがお金を使うのは、頭を使わないと使えない。前頭葉が刺激されます。

愛宕　確かに僕も、アメリカでＭＢＡに行くとなったら、生活費など諸々含め、１年間で大体２０００万円くらいかかる計算なんです。「なんのために

ＭＢＡ？」と訊かれることもありますが、僕はそこにかけるお金と時間は全然惜しいと思っていません。将来のための投資です。僕がアメリカに行って、強固なつながりが作れたら、それを自分の周りの人たちにもお裾分けすることができます。日本とアメリカの友人同士をつなげて、そういう意味で、僕が二つの国の架け橋になれれば、と。いい車、いい服などの物質的なものは、そういうことは難しいように思います。だからそういうものに、あまり興味がないのかもしれません。服はユニクロで十分だし、寿司はスシローで十分です。

和田　お金というのは、オールマイティで使える人生のジョーカーのようなもの。場合によってはリターンも考えるために、頭も使う。それは金銭的なリターンだけではなく、心理的なリターンもあるわけです。

愛宕　心理的なリターン。僕がほしいのは、まさにそれですよ！

和田　もし、私が孫正義氏のようなお金持ちだったら、自分の名前で大学を作るでしょうね。教授の年収を5000万円にすれば、日本中から優秀な学者が集められますから。沖縄にある**沖縄科学技術大学院大学***という大学が、年間予算たったの200億円で、東大よりも論文の数を出し、今話題になっていますね。

愛宕　知っています。東大より論文数が多いというのは、驚きました。

和田　200億円というのは、孫氏の資産からすると、驚くほど小さな金額です。東大に合格した受験生全員に、「奨学金を1000万円出す」と言ったら、東大を蹴って入学する生徒が大量に出るでしょう。東大を出てからの1000万円は普通に稼げる金額かもしれませんが、18歳の子の1000万円は、見たこともない大金です。そうしたら、物凄い秀才の集まる、日本一の偏差値の大学ができるかもしれませんよね。日本一論文が出る大学を、

沖縄科学技術大学院大学
沖縄県国頭郡恩納村字谷茶に本部を置く5年一貫制の博士課程を有する大学院大学。予算のほぼ全額が日本政府からの交付によって運営され、現在は神経科学、数学・計算科学、化学、分子・細胞・発生生物学、環境・生態学、物理学、海洋科学に大別される7分野で学際的な研究を行っている。教員・学生の半数以上を海外から採用し、教育及び研究はすべて英語で行われるため、すべての職員及び学生は、英語を使用できることが要件となっている。

２００億円で作ることができるのですから。

愛宕　確かに面白い、夢のあるお金の使い方ですね。

和田　それを「和田秀樹記念大学」って名前にしたっていいわけですからね（笑）。あるいは、自分が病気になった時のために日本中の名医を年収５０００万円くらいで集め、名医揃いの病院を建設したっていい。孫氏はどうして自分の病院を作らないんだろうなあと、不思議に思いますよ。

愛宕　もしも僕に１００億のお金があったら、最低でも年利回り５％で回せたとして、利回りで毎年5億円くらいのお金ができるでしょうから、その毎年出てくる5億円を使って、まずは20人、海外の留学資金を完全無償化したいですね。これも夢のあるお金の使い方だと思っています。だからいい車に乗りたいとか、いい家に住みたいとか、別荘がほしいとか、僕には本当にわからない。むしろそれらを持ってしまうと、そのメンテナンスをどうしようなどと考えないといけないし、その家がある場所に活動範囲が限定されてしまうことが、僕にはストレスにさえ思えます。

編集　しかし、「今は若者が車を買わないからダメだ、安い物ばかり買ってブランドに興味もなく、若者が経済を回さないからダメだ」などと言う大人がいて、不景気まで若者のせいにしていますよね……そういった論調にはゾッとします。

和田　給料を上げてから言え、と言いたいですね。

愛宕　むしろ知恵を使って、給料が安いなりに楽しむ方法を若者が探しているから、今のように低い賃金でも若者が文句を言わずに働く世の中になっているんじゃないでしょうか。

和田　「偉くなりたい」と思っている人は、なぜ偉くなりたいのか、なにが偉いということなのかを考えてほしいんです。「成功したい」人には、なぜ成功したいのか、なにに向かって成功したいのかを、考えてほしいのです。

つまり、「受験の成功」「社会的成功」などさまざまな場面で、

成功がゴールになってしまった人は、自分自身で成長を止めてしまっている。

受験の成功なんて、ステップでしかない。しかし、「受験はステップでしかない」ということを、子供に教えてあげられない親がいます。

ビリで開成に入り、ずっとビリでい続ける子がいます。そういう子を「深海魚」などと呼ぶらしいですが、ずっとビリだと、おそらく日東駒専も危ういレベルでしょう。しかし、なぜそうやってずっとビリでい続けてしまうのかというと、やはりコンプレックスなんです。

ビリでもナニクソ！　と這い上がれる子は、何も問題ない。でも大体の子

は、「俺はバカだ」と思い込んでしまう。小学校ではトップクラスだったのだからバカなはずはないのに。これはもう自己暗示です。一度味わったビリで、自分をバカだと自己評価してしまう。そしてその評価を抱えたまま、その先を生きてしまう。

愛宕　そうやって過度に自己肯定感を失い、不登校や引きこもりになってしまう子供がつくられていく。日本経済の損失でもありますよね、将来的に。

和田　私は、子供が学校に行かないということ自体が、まずいことだとは思っていません。それよりも、「モテたい」とか「賢くなりたい」とか思えずに、子供が自分の意思や夢のない青春時代を過ごしてしまうことが問題なんです。学校に行かないことが問題ではなく、夢がないことです。それはすごく悲しいことで、そんな子供にするなよと、言いたくなるんです。

編集　愛宕さんは、日本が再び経済大国になるためにはどうすればいいと考えますか？

愛宕　海外で商品を売り、ドルでお金をもらえるような商売をする。日本の3倍の値段をつける。そこから出た利益を、日本に戻しやすくする税制を整備することが大事なのではないでしょうか。日本の経営者が、日本に閉じこもらずに、ソニー創業者の盛田昭夫さんのようにドルで稼ぐことに挑戦することに尽きると思います。

和田　しかし愛宕さん、それは若いあなたの理想論でもある。残念ながら、そういうことができる日本の経営者は少ないでしょう。これまでであれば、いわゆる海外進出というのはメーカーの仕事だったかもしれない。しかし今はもう違うフェーズに入っている。

今でも世界各国で日本のほうが遥かに秀でているものは、もはやサービスだけ。日本型のサービスです。

愛宕　なるほど。確かにそうですね！

和田　**野口悠紀雄氏***がこう言っていました。「普通の国は成長過程で、第一次産業の国から第二産業の国になる。さらにそこから、第三次産業国になっていく。その時に給料が増える。そして給料が増える。ところが日本は、第二次産業から第三次産業へ移行したのに、第二次産業の人たちの取っている給料のほうが、第三次産業よりも高い」と。

愛宕　その通りですね！　日本人の欠点は、サービスに対してお金を払わないことなんです！

野口悠紀雄
のぐち ゆきお。日本の経済学者、元大蔵官僚。1963年、東京大学工学部応用物理学科（現在の物理工学科）卒業。同年3月、東京大学大学院数物系研究科応用物理学専攻修士課程入学。半導体や強磁性体の研究を行いつつ、独学で経済学を学ぶ。1964年、修士課程を中退し、大蔵省に入省。以降、埼玉大学や一橋大学の教授として活躍。主著には『「超」整理法』『円安待望論の罠』『話すだけで書ける究極の文章法　人工知能が助けてくれる』他多数。

和田　GDPの7割以上が第三次産業になっているのに、彼らの給料が安いから、日本は貧しい国になってしまった。

愛宕　僕は今、サービスに対して**チップ**[*]を支払えるシステムを開発するプロジェクトに参加し、進めています。日本のようなチップ文化のない国のサービス業に従事している人や飲食店にチップを払えるサービスを開発しているんです。「お客様は神様だ」という精神が日本には昔からあるから、神様のためにどんなサービスでもタダでやろうとする。むしろそれがいいことだとすら思っている。そういうギャップを改善して、お金が流れるようにしたいんです。

そうすれば、いいサービスをすればするほどお金がたくさんもらえるという経済倫理が働くから、「誰がチップを多くもらっているか」でサービスの質の高さもおのずとわかる。可視化されることがモチベーションにつながります。

チップ
ホテルやレストランなどにおいて、従業員によるサービスに対し、任意で支払われる金銭。レストランのチップの相場は、料金の10～15%が多い。会計にサービス料が含まれている場合はチップを支払う必要がない。チップ文化は国によって大きく異なり、日本ではホテルやレストランの利用料金にサービス料が含まれていたことから、チップの習慣が定着しなかったと言われている。

和田　私はワインが好きなので、愛宕さんが今言ったことがよくわかりますよ。コロナ以降変わってしまったかもしれませんが、アメリカのレストランでワインを注文すると、そのワイン代の18％がソムリエに入る制度になっているのです。例えば僕が家族でアメリカに行き、２００ドルのディナーコースを４人で注文したとしましょう。そこで、僕は２０００ドル分のワインを注文します。そうすると、ソムリエは僕らのテーブルだけで、３６０ドルを手に入れるわけです。

編集　つまり、日本よりもソムリエのやる気が出る仕組みだということですか？

和田　いえ、やる気の問題ではないのです。成長の問題です。つまり、客に売ったワインの値段の18％がソムリエに入るから、アメリカのソムリエの収入は総じて高い。とすると、もっと自分がスキルアップをして高いワインを紹介できるようになろう、という気になる。

編集　なるほど！　２０００ドルのワインではなく、２万ドルのワインを勧めることに成功したら、ソムリエには１テーブルで３６００ドル入る！

和田　そう、だからソムリエは必死に勉強をする。お客様にちゃんと勧められるように、高価でいいワインを飲んでいるんです。そうすると、ワインに関して質問しても、きちんと答えられる。

愛宕　僕が開発しようとしているシステムと通じるところがあります。チップ制度によって文化が育つという仕組みを、日本の人たちにも知ってほしい。

和田　ところが日本のソムリエは今、若手だとだいたい月給20万円くらいがいいところです。その給料の半分をワインの勉強代につぎ込んで、歯を食いしばって頑張っている人がいる。日本のそれなりに高いレストランで、「このワイン、どんな味でどんな香りなの?」とソムリエに訊ねても、「いやあ、私は飲んだことがなくて……」とすまなそうな顔をする。それは彼が悪いんじゃない。安い給料しか出していない店が悪いんです。この話に、泣けますか?

貧乏で苦労している若者の話を「いい話」だと思うのが、日本人のダメなところ。

愛宕　もっと言えば、日本が悪い。なんでもアメリカの真似をしてきたはずの日本が、そういうところは真似をできないのは、皮肉な話ですね。

和田　その通りです。チップも払わずにクレーマーまがいのことを言う客は、ハッキリ言っておかしなパーソナリティですよ。お金の使い方というのも、成長と通ずるものがあります。例えば愛宕さんは、若い人にアイデアを与えるために投資をしているわけですよね。そういうお金の使い方は、とても大切です。

アメリカのお金持ちが、日本の成金と違って素敵だなと思うのは、世界最大級の資産家の一人であり、2000億ドルを超える資産を持っている割に〝ケチ〟で有名な**ジェフ・ベゾス氏**[*]は、財産の99%を寄附すると発言し、話題になりました。**ノブレス・オブリージュ**[*]じゃありませんが、アメリカというのは、寄附できるようになるためにお金持ちになりたいという人が、一定数います。

愛宕　そういえば、アメリカの有名大学、**スタンフォード大学**[*]や**ハーバード大学**[*]も寄附で作られていますよね。「Pay forward」という、〝受けた恩を次の世代に託す〟という考え方が前提にあります。

寄附とは違いますが、僕も先輩の経営者たちからお金を出資していただいて、創業した会社を経営していました。そのような出資を「エンジェル投資」

ジェフ・ベゾス

ジェフリー・プレストン・ベゾス（Jeffrey Preston Bezos）。1964年、ニューメキシコ州アルバカーキ生まれ。アメリカ合衆国の実業家、投資家、フィランソロピスト。1986年、プリンストン大学卒。1993年7月、Cadabra, Inc. という名のオンライン書店の会社をワシントン州の法人として登記。しかし、ある弁護士が「Cadabra」を「cadaver（死体）」と聞き間違えた出来事を受けて、社名を変更する。1994年1月、自宅のガレージにて「Amazon」を起業。事業は急成長し、ジェフ・ベゾスは2110億ドルもの資産を有する大富豪となったが、極度の倹約家であると度々世間からバッシングを受けた。

と呼びます。なので、今は僕もエンジェル投資をしています。例えば、「M&A Live」という今後さらに拡大するM&Aに関する課題を解決する会社や、「Datatble」というITの会社などに出資しています。

和田　寄附文化がないというと、ケチな日本人は「**寄附税制***がないからだ」と主張しますが、私から言わせれば、税金を払いたくないから寄附をするなんていうのはそもそも寄附の精神に反しています。ジェフ・ベゾス氏も、Amazonは儲けているのに従業員の給料はボロボロだと言われ、とても嫌われていましたが、財産の99%を寄附すると発表した途端、彼への見方は変わりました。ケチだったのではなく、寄附がしたかったのだな、と。

お金持ちになることは素晴らしいと思いますが、お金の使い方を知らない、自分の欲と見栄のためだけにしかお金が使えないような卑しいお金持ちは、本当にただ嫌われるだけです。そして、寄附以外にもう一つ大切なお金の使い方は、やっぱり若い人を可愛がる、ということ。上に媚びて出世した人の

ノブレス・オブリージュ
財産・権力・地位を持つ者は、それ相応の社会的責任や義務を負うという道徳観のこと。フランス語のnoblesse（貴族）とobliger（義務を負わせる）を合わせ「高貴たるものの義務」を意味する言葉である。英語では「noble obligation（ノーブル・オブリゲーション）」という。

スタンフォード大学
リーランド・スタンフォード・ジュニア大学。アメリカ合衆国のカリフォルニア州、スタンフォードに本部を置く私立大学。1885年、鉄道業者で政治家のA.L.スタンフォードと妻のジェーンが、病により早逝した一人息子であるリーランド・スタンフォード・ジュニアの名を残すために創

歳をとってからの末路がどれだけ寂しいか、想像してみてほしい。

愛宕　一生懸命上に媚びても、その人たちは先に亡くなってしまいますもんね。

和田　そうなんです。大体、先に死なれてしまう。

そして自分より若い人に嫌われている人の末路は、本当に惨めなんです。

私が今まで生きてきた中で何が一番幸運だったか？　と訊かれたら、それは間違いなく、「高齢者専門の精神科医」になったことです。昔、社会的地位が高かった人がボケた時や、寝たきりになった時を今までたくさん見てきました。結局、お金なんて残しても幸せになれないことも学びました。若い人たちを可愛がって生きてきた人はお見舞いが絶えませんが、上に媚びて出

立した。
文理、法、医、工、教育、地球科学、経営の7学部を持ち、多数の研究施設や病院を付設する。世界大学ランキングで常に最上位に位置する教育機関である。
日本人の卒業生では第93代内閣総理大臣を務めた鳩山由紀夫氏や、実業家の数原英一郎氏が大学院の修士課程を修了している。

ハーバード大学
アメリカ合衆国、マサチューセッツ州に本部を置く私立大学。アメリカ最古の高等教育機関と言われているが、その発足がいつからなのかは定かではない。
卒業生、企業などからの巨額な寄附によって極めて富裕なことでも知られ、米国で財政

世する人生を歩んできた人は、不憫に思ってしまうほど誰も会いにきません。

編集　お金を持っていても、孤独……。

和田　死の間際に一人ぼっちでいる老人を見ていると、上に媚びて偉くなるなんて何の意味もないと痛感します。もう身体も頭も動かなくなってしまった後には、使えない資産よりも、他愛もない話をしに来て、手を握ってくれる人がいてほしいでしょう。必死にお金を集めている時には、それに気づけない。

　お金というものは恐ろしいもので、資産が多かったり、社会的地位が高かったりすると、自分は他人より偉いのだと錯覚してしまう。その人がいくらお金を持っていても、人のために使っているのでなければ、特に周囲の人には何の影響も与えていません。それにもかかわらず、自分のほうが偉く、秀でていると思い込ませてしまう。お金にはそのような影響力があります。

状態の指標とされる大学基金の基金残高は、２０２０年６月時点において、約４兆４０００億円（４１９億ドル）ほどである。
日本人の卒業生では皇后雅子さまや、楽天の創業者である三木谷浩史氏など。

寄附税制
個人や法人が、所得控除や税額控除の対象となる法人や団体に寄附をした場合に、寄附金控除の申請をすることで税金の控除を受けることができる制度。
日本の寄附市場は「震災寄附」や「ふるさと納税」により年々拡大しているものの、アメリカやイギリスなどと比較するとその規模は小さい。２０２０年日本の個人寄附総額が「１兆２１２６億円」

私はそのような日本のお金持ちをたくさん知っていますが、本当に付き合いたくないと思います。例え高級なワインを何杯か飲ませてくれようと、「私のほうが上の立場なんだぞ、君は今、私の金で食べているんだぞ」という態度で接してくるような人だった場合、私は必ず「ここは自分で払います」と言います。

愛宕　なるほど。お金を稼ぐのも大変ですけど、お金を使うのも大変なんですね。どう使うか考えるのが難しいから。

であったのに対し、アメリカの寄附総額は「34兆5948円」（現地通貨：3241億ドル）。日本の約30倍もの数字となる。
そこまで差が開く理由には、税金制度の違いによるものが大きいと金持ちたちは主張する。
また日本では「寄附先への信頼度の低さ」も要因となっている。アメリカにおけるNPO法人の社会的地位は高く、文系大学生の就職人気ランキングで上位に入っているNPO団体も存在するほどである。

ベテラン精神科医が改めて感じた、「試し続ける」ことの大切さ

和田　私自身、若い頃に書いた自分の本を読み返すと、ああ、こんなことを言っていたんだな、若かったな、と思うことがたくさんあります。それは今までさまざまなチャレンジ、即ち実験を続け、失敗も成功もたくさん経験して、考え方の幅が広がったのだと思います。

私が今大切にしていることは、「昨日より今日、今日より明日」なんです。

愛宕　和田先生の書いた『受験は要領』も『数学は暗記だ！』も、大きな衝撃を与えた本でしたよね。その分、当時はかなり叩かれたと思いますが……。

安倍晋三
あべ しんぞう。１９５４年生まれ。日本の政治家。１９７７年、成蹊大学法学部政治学科卒業。１９７９年に神戸製鋼所へ入社するが、１９８２年に退職。同年、第１次中曽根内閣が成立し、外務大臣秘書官に就任。１９９３年、衆議院議員初当選。その後、自由民主党幹事長や内閣官房長官などを務め、２００６年に第90代内閣総理大臣に就任する。２００７年、体調不良により突然の辞任。２０１２年、再び内閣総理大臣に就任し、第96代、第97代、第98代と歴代最長の首相通算在職日数を記録した。２０２０年、持病の再発により再び内閣総理大臣を辞任。２０２２年７月８日、第26回参議院議員通常選挙のための

和田　あの当時、ボロクソに私を批判して攻撃を仕掛けてきた人たちは、ほとんど第一線から消えてしまったんです。いや、何も、私のやり方が主流になったから消えたのだと言いたいのではありません。今でも「数学は根性で解く」という教え方をしている先生がほとんどですから。

愛宕　それならば、どうして消えてしまったのでしょうか？

和田　私を攻撃していた人たちが消えているのは、鬱病になっている人が多いからだと思います。つまり、〝かくあるべし思考〟の人は、「苦労しなきゃ成功しない」とか「努力だけは裏切らない」とか、自分を追いつめがちなんです。それで精神まで追い込まれ、鬱になってしまうパターンが多い。私はよく、**安倍晋三**[*]氏と**小泉純一郎**[*]氏の比較をしてこのことを話します。

愛宕　お二人とも、長期間にわたって内閣総理大臣を務められましたよね。

街頭演説中に銃撃され、失血死。享年67。

小泉純一郎
こいずみ じゅんいちろう。1942年生まれ。日本の政治家。慶應義塾大学経済学部卒業。1972年、第33回衆議院議員総選挙にて自由民主党公認として初当選。以来、12期連続当選を果たす。1988年、竹下登内閣で厚生大臣として初入閣する。2001年、森喜朗の後任として第87代内閣総理大臣に就任。一連のマスコミ報道を利用した劇場型政治は「小泉劇場」と呼ばれ、2005年には郵政民営化関連法案を成立させた。2006年、内閣総理大臣を退任。

和田　そうです。安倍氏は政策やこの国の未来を語る時、「この道しかない」とよく言っていたのです。それが、国民には強い意志をもったリーダーに見えました。しかし、「この道しかない」というのはとても危険な言葉です。何か想定外のことがあった時の逃げ道を自ら塞ぐ言葉なんですよ。

一方の小泉氏はそうではなくて、例えば**郵政民営化***なんかの大きな政策の時でも、「この道しかない」とは断言しないのです。「小泉首相、郵政民営化がうまくいかなかったらどうするんですか?」と国会で野党議員に訊かれても、「やってみなければわからない!」と答える。

愛宕　へえ、それって、まるで科学の基本ですね。実験しなければわからない。

和田　そう。「この道しかない」ではなく、「やってみなければわからない」という考え方が大切なんですよ。ちなみに安倍氏は付属の小学校上がりで受験を経験していませんが、小泉氏は大学受験を経験しています。

郵政民営化
従来国営で行われてきた郵政事業の組織構成を組み換えて、民間企業に改編すること。日本では、1990年から2000年代にかけ、日本政府、及び小泉内閣の政策によって郵政三事業（郵便・簡易保険・郵便貯金）が民営化された。

結果が悪ければ、やり方を変えればいいという経験を、若いうちに、「受験」という課題で経験してほしいと思っています。

愛宕　和田先生が〝受験が大切だ〟というのはつまり、そういうことなんですね。

和田　「この道しかない」と考えるから、失敗した時に死にたくなるわけですよ。恋愛も仕事もそこは同じですね。

第四章

成功は
ゴールではなく
道しるべにせよ！

悪いのは周囲でも、環境を変えるのは自分しかない

編集　愛宕さんは、さきほど自己紹介をしてくださった時に「昔は卑屈な子供だった」と言いました。しかし今の愛宕さんはとてもポジティブな印象です。東大に合格したという他に、どこかで自分を変えるような体験があったのでしょうか？

愛宕　ありました。先ほどもお話しした通り、子供の頃「デブメガネ」というあだ名をつけられて、クラスでいじめられていました。その頃は本当に太っていたので……。

編集　からかわれる、ではなく、いじめだったのですか？

愛宕　僕の認識では「いじめ」です。例えば音楽の授業中に「デブメガネ」っていうワードを無理矢理入れ込んだ歌を歌われたりね。当時は辛かったですよ！　多分いじめていた人は、もう覚えていない気がします。そして僕は今となっては、痩せようと覚悟するきっかけをくれて、ありがとうと感謝していいます（笑）。ただその時の自分というのは、学校に行きたくなくて仕方ないけど、嫌々行っていました。でもその時、僕は気がついたんです。「他人を変えることはできない」と。結局、僕がクラスで太っているということが、いじめを誘発する原因であって。

編集　しかし愛宕さんは何も悪くない。悪いのは太っていることではなくて、それをいじめる側の問題でしょう。

愛宕　そうです。僕は悪くない。でも、いじめる奴らを変えることよりも、太っている自分を変えることのほうが自分がコントロールできることだと考えたんです。それで、中学に入って痩せました。

編集 その頃から、自然とアドラー的な思考があったのですね。

愛宕 はい。僕は漫画『**スラムダンク**』[*]が大好きで、**安西先生**[*]という、とてもふくよかな体型のキャラクターが出てくるのですが、自分がそんな体形のまま大人になるのは嫌だ、と思っていました。それで、中学で実際にバスケ部に入部して、一年間で今の体形くらいまで、体重が落ちました。試合には出られず、いつもベンチを温めていましたが（笑）。でも、頑張りましたよ。当時、朝は毎日1500メートル走ってたし。それまでろくに運動もしてこなかったから、本当にめちゃめちゃキツかったです。あれ以上にフィジカルにキツい経験は、受験でも起業でも、今のところ一度もないです。

編集 ひた向きなチャレンジ精神は中学生で獲得していたものですね？

『スラムダンク』
井上雄彦著、集英社刊の漫画作品。『週刊少年ジャンプ』にて、1990年から1996年にかけて全276話にわたり連載される。アニメ、ゲームなどへも展開。不良少年、桜木花道がバスケットボールを通じて仲間と共に成長してゆくサクセスストーリーであり、全世界でのシリーズ累計発行部数は1億7000万部を突破している。

安西先生
井上雄彦原作の漫画及びアニメ『スラムダンク』に登場するキャラクター。正式なキャラクター名称は安西光義。主人公の桜木花道が所属する翔北高校バスケ部の監督であり、ぽっちゃり体型が特徴。温厚な性格と白髪

愛宕　僕は中学生の頃から、努力している自分がエラいとかでなく、どんなことも、結果が出ないと意味がないと思う少年でした。バスケ部に入ってスマートな体型にはなれたけど、試合には出させてもらえない。その経験から、どんなに頑張っても、結果が出ないこともある、ということを学びました。スポーツで言えば、種目選びを間違えてしまうと、結果を出すことは難しいのです。

それならば、他の何かで、この部活での経験を生かして結果を出そうと思いました。それが、長距離走でした。ずっと体重を減らすためにも走っていたので、クラスの長距離走で一番になることができたんです。小学校の時はクラスで一番足の遅かった僕がですよ！　これは、自分にとって大きな自信を与えてくれた体験でしたね。

和田　それが愛宕さんの素晴らしいところですよ！

のヘアスタイルから、白髪仏（ホワイトヘアーブッダ）という愛称で呼ばれる。生徒たちから二十顎をタプタプされる描写が有名で、「あきらめたら、そこで試合終了ですよ」など数々の名言がある。

愛宕　短距離は全然速くならなかったんだけど、長距離は後天的な努力の要素が大きいので、一年後には中学校の駅伝の選手にもなりました。受験勉強も、実は、遺伝的な頭の良さよりも、「後天的な要素が多いゲーム」だと和田先生の本にあったから、勝てると思ったんです。

和田　子供は何もかもが大人よりスピーディーです。いい情報も悪い情報もすぐに吸収するし、立ち上がることも早くできる。だからこそ、大人の考えを押し付けて長期間自由を奪うというのは成長のチャンスの剥奪でしかない。

愛宕　ただツラいのは、その中学校ではやっぱり「デブの愛宕くん」のイメージがありすぎて、どんなに痩せてもモテなかったんですよ（笑）。だから高校は、新しい友人を求めて、私立に行きました。

モノの見方を変える、認知療法の基本

和田 そう、その「自分を変える」という考え方が非常に大切です。私は受験指導だけでなく、精神科医としても、

「周りは変えられないから、自分のモノの見方を変えるしかないですね」

という治療をしています。これ、実は**認知療法**[*]の基本なのです。周囲は変えられない。ならば、自分はどう変わればいいか？ と考えることが大切です。私自身を例に挙げれば、小学校で散々いじめられていた時、私の母親はいじめている子を叱ったり、更生させようとはしなかった。しかし私にも、いじめっ子に対し迎合しろとは言わなかったのです。一般論で言えば、「相手に合わせる」ということが、一番たやすい解決方法なのですが、私は発達障害

認知療法
ものの考え方や受け取り方（認知）に焦点を当てて働きかけることにより、気持ちを楽にしたり、行動をコントロールしたりする精神療法の一種。そこから派生した行動に対する認知に焦点をあてる治療を認知行動療法ともいう。

なので、どうしても相手に合わせることができない。

私の時代はまだ、性格に難があっても勉強でクラスの中で這い上がることができた。性格のいい人を目指そうと思ったら、すごく周りに合わせないといけない。

愛宕　「性格がいい人をめざす」って、誰からも好かれても、嫌われてもいない人になる、というような気がします。全方位にいい人って、逆に寂しい気がするんです。正直僕は全員に好かれたいとは思っていません。

和田　自分は性格がいいつもりで行動していても、それは周りが決めることだから、嫌われてしまうことだってある。

「幸せだ」「よかった」「悔しい」などの感情は、すべてただの主観です。

「こんなことがあったら悔しいのが正解だよ」「そういう場合は、こう行動するのが正解」なんて安っぽいセオリーを並べている自己啓発本をよく見かけますが、周りが決めていいことではありません。自分の主観、価値観は自分で育てるべきものなんです。そして何よりも大切なのは、「幸せの軸」は自分で見つけないと、幸せにはなれないということです。

お金をたくさん持っているとか、友達が多いとか、友達は少ないけど、たった一人でも自分のことをすごく理解してくれる人がいるとか、なんだっていいのです。

愛宕　幸せのフルコースみたいなものを親や周りの大人が決めることは本当によくないですよね。「なにが幸せか」なんて、本人にしか決められない。本当に自分が心から幸せだと思うことでなければ、結局心は満たされないと思います。「他人が決めた幸せ」を目指して一生懸命走り、手に入れたとしても、結局は満足できず、疲労感だけが残ってしまうんです。

編集　そして愛宕さんは、和田先生の受験本と出合い、東大受験に挑み成功したことで、チャレンジする素晴らしさを学んだ。しかし、大学には通わなくなった。

愛宕　はい。ほぼ行かなくなりました。ベンチャー企業で働くことに夢中でした（笑）

編集　その時に、「受験は意味がなかったんだ」とか「東大に入れば勝ちだと思ったのに！」とか、世間への反発心のようなものが生まれたわけではなかったのですか？

和田　私も自慢じゃないけれども、東大医学部は実習を受けないと卒業させてくれないというので実習の授業には6~7割は出席しました。しかし、講義は、**駒場***で出たのは4コマ、つまり4回の講義、**本郷***に行ってからは3コマくらいしか行っていない。まったく大学に行かなかったようなものです。何の自慢にもなりませんが、その頃は雑誌ライターの仕事や、映画の使い走りの現場のアルバイトばかりしていましたから。

愛宕　僕も一緒です。そもそも、僕が東大に行った理由は親から言われたわけでもなく、官僚や教授になりたかったわけでもなくて、元々は「ナナちゃんが東大に行ったら僕と付き合ってくれる」と言ってくれたから。ただそれだけのために受験勉強をしていたわけで。東大生という成功の切符を手に入れるために入ったわけではないんです。だから、東大生になること自体が僕の人生の成功でもなければ、幸福でもなかったので、ナナちゃんにフラれたところで、東大を恨んだり受験を恨んだりする気持ちも、1ミリも生まれませんでした。

駒場
東京大学駒場地区キャンパス。もともとは、駒場農学校（現在の東京大学農学部）の校地であったが、新制大学移行により、旧制一高に代わり東京大学教養学部がこのキャンパスに設置され、現在に至っている。

本郷
東京大学本郷地区キャンパス。東京大学の本部が設置されており、同大学の駒場地区キャンパス・柏地区キャンパスと並ぶ規模を持つ。ほとんどの学部が、後期課程を本郷キャンパスで履修する。

和田　それでよかったんですよ。俺は成功した、と思った瞬間に人はチャレンジをやめてしまいますからね。私も東大になじめず、医局にもなじめず、半分フリーターのような暮らしを送っていましたが、チャレンジだけはやめない人生を送ってきたわけです。

そしてこの歳になって、同期で「勝ち組」と呼ばれる人は教授になり、彼らから見たら私は「負け組」かもしれません。ですが私には、

私のこれからの人生は、退屈しないという読みがあります。

高齢者向けの本を執筆する時私は、「定年退職をして暇になったら、人生を実験として生きてください」と書いています。時間ができた分、毎日実験して生きたらいい。

例えばラーメン屋さんの行列が目の前にあったら、そこにとりあえず並ぶ。一時間も並んでまずかったら、実験が失敗だったと思えばいい。たまたま行っ

たスーパーで見たことのない食材を見つけたなら、それを使って何ができるかを想像して料理をしてみる。カラオケに行ったなら、十八番ではなくサビしかメロディがわからなくても、新しい曲を歌ってみる。そういうふうに生きていれば、年をとっても日常生活の中に、実験の要素はたくさんあるのです。そういう生き方をすれば、退屈なんてしません。

反対に、もう自分には若い頃のように吸収する知力も体力も残っていないのだと勝手に見切りをつけてしまうと、恐ろしく退屈な老後を過ごしてしまう。

「やってみなければわからない」は、先ほどもお話しした通り科学の基本です。それは3歳でも30歳でも、60歳でも100歳でも変わりません。毎日が新しい一日ですから。つまり、〝勝ちのための実験〟である必要はなくて、〝実験〟であることに意味がある。

本当の答えというものは、そのラーメン屋で麺を一口するまではわからない。実は私もこの間、珍しく一時間ラーメン屋に並びました。

愛宕　和田先生がですか⁉　こんなにお忙しいのに！　美味しかったですか？

和田　まずかったです（笑）。　それでいいんですよ。失敗しても体験欲は満たされます。

成功と幸福の違いとは？

編集　突拍子もない質問に聞こえたらごめんなさい。愛宕さんにとって「成功」というのは、ユニクロを着て、スシローに行き、「幸せ」に慎ましい生活をしながら、チャレンジをし続けることでしょうか？

　編集者の質問に愛宕青年は少しだけ考えを巡らせるように下を見て、またすぐに顔を上げると、編集者を見つめた。

愛宕　まず、僕は「成功」と「幸せ」は別だと考えています。これは明確です。「幸せ」について言えば、僕は常に幸せです。楽しいと思えば人生はいつだって楽しいいし、楽しくないと思っていたら何をしていても楽しくはないので。だからスシローの寿司をこんな金額で食べられて美味しいなあ、ありがたいなあと思っていたら楽しいし、贅沢をしていようが、いまいが、「幸せ」には関係ないんです。

次に「成功」というのは、例えば「東大に受かる」とか、「いくらの時価総額で会社が上場する」とか、「会社を売却する」とか、誰が見ても事実として結果が残るものです。それは考え方とやり方次第で誰でも「成功」することができる。

そして僕は、自分を「幸せ者」だとは思っていますが、「成功者」だとは思っていません。

僕は「成功者」ではなくて、常に「挑戦者」でありたい。

「成功者」を目指したことは一度もありません。今までの人生を振り返れば、挑戦をしてきた中に、ほんの少しだけ上手くいったこともあった、という感じです。

愛宕青年の言葉を聞き、和田もいつになく真剣な眼差しで編集者を見た。

和田　やはり愛宕さんは、私の理想の読者でしたね。

私が愛宕さんと共に語り、それを出版したいと考えたのは、今の日本に「夢のなさ」が蔓延しているように感じるからなのです。ただここで、一介の精神科医に過ぎない私が「夢を持ちましょう」なんて言ってもただの綺麗ごとで終わってしまう。それよりも、「どうすればこの夢を叶えられるか？」を自分で考え、失敗してもいちいち落ち込まずに、どんどん実験し、挑戦を繰り返して小さな夢や目標を叶える習慣をみなさんにつけてあげる。この習慣は、高齢者になったって大いに役に立つんです。

愛宕　再現性のある考えですよね。「成功」は時間がかかるけど、「成長」はすぐできるんです。毎日、昨日の自分を今日の自分が超えていく。そうやって成長することを幸せだと思えると、成功するきっかけも増えるように思います。

和田　私は80歳になった時に「昔より大分成長したなあ」と感じていたいと思って生きています。その時にはもう、こんなギャーギャー言う人間ではなく仙人のようになっているかもしれないし、80歳になった時の成長の仕方というのは想像がつきませんが、少なくとも「ここがゴールか」とは、生きているうちには思わないでしょう。

考え続けるということは、成長し続けるということですから。

編集　和田先生は仙人のようにはならないでしょう。ずっと和田秀樹さんですよ！

愛宕　僕は東大に受かったように、「これからも必ず成功し続けます」とは約束できません。けれど、「これからも必ず成長し続けます」というのは約束できます。それは今、僕の事業に投資してくれている方や、僕の家族や、和田先生や、編集者さんや、みんなに宣言できることです。

和田　私がこの本で最も伝えたいことは、「成功」と「成長」は違うということです。

「成功」とは魅力的なもので、たくさんの人を幸せに導くと思われています。それももちろん否定はしません。

しかし私は、何歳になっても人生を豊かにし、人を幸せに導き続けることができるのは「成長」だと思っています。成長は、死ぬまで続けることができます。それは数十年もの間、精神科医として鬱病の患者さんや老人を見つめ続けてきた私だから言えることです。彼らが、突然、びっくりするように一皮むけて人間として成長する姿を何人も見てきました。ただし、そうならない人もたくさんいます。

それでも私は、一人でも多くの人が、幸せを感じながら生き続け、幸福な最期を迎えてほしいと思っています。自分の日々の成長を楽しみ、若い人の成長を楽しむ。昔のことを思い出しながら一人で死んでいくよりも、「今日は何をしたの？」と誰かが訊きに来てくれるほうが幸せじゃないですか。

だから成功を追い求める生き方よりも、成長を楽しむ生き方をしてほしいんです。

それが、30年間成長が止まっているこの日本という国を、また明るくすることにもつながるはずです。

そして、私は東大合格という「成功」へ人を導くために本を書き続けているのではないのだ、ということを私自身に改めて気づかせてくれたのが、愛宕翔太さんでした。

60歳を過ぎて、自分を師だと言ってくれる青年から、成長し続けることの大切さを改めて教えてもらい、私は今日、非常にうれしかった。今日一日、幸福に過ごせそうです。ありがとう。

愛宕　こちらこそありがとうございました。ところで和田先生、僕が握った寿司をいつ食べに来てくれるんですか？

和田　あっ、ええと、どうしようかな……ちょっと待ってて！

和田秀樹先生への手紙

拝啓　和田先生

もし、高校生の時に和田先生の本を手に取っていなかったら、僕の人生はどう変わっていたのだろうか？　とそんなことを思います。

先生が８００冊を超える著書を書き続けてくださったおかげで、僕は長崎の田舎にいても、先生の本を通じて「学び方を学ぶ」ことができました。

そして現在、『誰もが考え方とやり方次第で何でもできる』ということを伝えるために、仲間と共に挑戦し続ける人生が送れていることに、心から感謝しています。

次のアメリカでの挑戦が、東大受験のようにうまくいくかどうかは、正直わかりません。先生とこの本で語ったように、成功は約束されていないからです。でも、昨日の自分よりも成長し続けることは約束します。

今のプロセスを楽しみながら、この挑戦の結果を先生にお伝えできるように、先生の大好きなワインを一緒に飲みながら語りあえる日を楽しみに、挑戦してきます。

先生が教えてくださった、「結果が出ないのは、あなたが悪いわけではない。やり方が悪いだけなんだから、改善すればいいだけだ」という考え方。これを僕はたまたま『東大受験』という課題を通じて学びました。今でもこの原理原則に立ち、楽しく改善することを大切にしています。

『誰もが考え方とやり方次第で何でもできる』を、先生が本を通じて伝え続けているように、僕も『事業』という手段を通じて伝えていきたいと思います。

先生と一緒に本を書かせていただけて、これほどの喜びはありません。次は英語にも翻訳して、本を出さなきゃですね、先生！

和田秀樹先生の弟子
愛宕翔太

和田秀樹 Hideki Wada

1960年大阪生まれ。灘中学・灘高校から東大理科Ⅲ類に現役合格。灘中学受験に失敗した実弟に灘の勉強法を伝授し、在籍した高校創立以来2人目の東大文科Ⅰ類現役合格を実現させる。1987年に自らの受験テクニックを書籍化した『受験は要領』がベストセラーになり、受験のカリスマと呼ばれる。

1993年、志望校別受験勉強法の通信教育「緑鐡受験指導ゼミナール」を設立。

現在でも地方の公立高校から東大や医学部へ多数合格させている。

精神科医としては東大医学部附属病院精神神経科助手を経て、'91年から'94年までアメリカ・カールメニンガー精神医学校国際フェローを経て現在、和田秀樹の親塾・緑鐡受験指導ゼミナール代表。

立命館大学生命科学部特任教授。臨床心理士。映画監督としても活躍。

受験や教育に関する本だけで300冊以上を出版。

小学生からの受験対策、精神的な悩みまですべての親を対象とした「親塾」は、著者自らが出演した講義動画を配信する形式となっており、2023年には『和田秀樹の「親塾」』として「心とからだの問題解決編！」と「勉強に自信をつける編！」の2冊を書籍化（小社刊）

愛宕翔太 Shota Atago

1988年長崎生まれ。2011年東京大学経済学部経済学科卒。2024年米国MBA修了予定。世界のベンチャー投資家が集う「VC Lab」に唯一の日本人として参加。起業家と投資家の二刀流に挑戦し日米の懸け橋になろうと決意。現在は、寿司で世界一を目指し、「世界の大将」となるべく、シリコンバレーで寿司スタートアップの創業準備中。また生成AIを活用したB2B領域の事業でエンジェル投資を実行。大学3年時から、東大発スタートアップに参画。その後、人材/B2B領域にて創業し、上場企業に売却。売却後も1年で売上を3倍に。

カバー掲載作品

雨宮庸介　Yosuke Amemiya

山梨県在住。1975年茨城県生まれ。Sandberg Institute（アムステルダム）Fine Art Course 修士課程を主席にて修了。ドローイング、彫刻、パフォーマンスなど多岐にわたるメディウムによって作品を制作。国内外の美術館での展覧会に多数参加。「Reborn-Art Festival 2021-22」「国東半島芸術祭」などの芸術祭にも参加している。2014-3314年のプロジェクト「1300年持ち歩かれた、なんでもない石」http://ishimochi.com/ を開始。リンゴや石や人間などのありふれたモチーフを扱いながら、超絶技巧や独自の話法などにより、いつのまにか違う位相に身をふれてしまう感覚や、認識のアクセルとブレーキを同時に踏み込むような体験を提供している。

成長論　～いくつになっても人は変われる～

2023年12月25日　初版第一刷発行

著者　和田秀樹　愛宕翔太

アドバイザー　原久仁子
編集　内田佑季　小宮亜里
営業　石川達也
発行者　小川洋一郎
発行所　株式会社ブックマン社
〒101-0065　千代田区西神田3-3-5
TEL 03-3237-7777　FAX 03-5226-9599
https://www.bookman.co.jp

ISBN　978-4-89308-966-3
印刷・製本　シナノ印刷株式会社